古典文獻研究輯刊

三五編

潘美月・杜潔祥 主編

第 39 冊

古文獻叢札（下）

蔡 偉 著

國家圖書館出版品預行編目資料

古文獻叢札（下）／蔡偉 著 -- 初版 -- 新北市：花木蘭文化
事業有限公司，2022〔民 111〕
目 2+220 面；19×26 公分
（古典文獻研究輯刊 三五編；第 39 冊）
ISBN 978-626-344-141-5（精裝）
1.CST：文獻學 2.CST：文集
011.08   111010341

ISBN-978-626-344-141-5

古典文獻研究輯刊
三五編　第三九冊　　　　　　　ISBN：978-626-344-141-5

古文獻叢札（下）

作　　者　蔡　偉
主　　編　潘美月、杜潔祥
總 編 輯　杜潔祥
副總編輯　楊嘉樂
編輯主任　許郁翎
編　　輯　張雅淋、潘玟靜、劉子瑄　美術編輯　陳逸婷
出　　版　花木蘭文化事業有限公司
發 行 人　高小娟
聯絡地址　235 新北市中和區中安街七二號十三樓
　　　　　電話：02-2923-1455／傳真：02-2923-1452
網　　址　http://www.huamulan.tw 信箱 service@huamulans.com
印　　刷　普羅文化出版廣告事業
初　　版　2022 年 9 月
定　　價　三五編 39 冊（精裝）新台幣 98,000 元　　版權所有・請勿翻印

古文獻叢札（下）

蔡偉 著

目次

貳、傳世古書篇

一、讀《韓非子》札記一則〔註1〕

《韓非子・有度》有下引一段話：

法不阿貴，繩不撓曲，法之所加，智者弗能辭，勇者弗敢爭。刑過不避大臣，賞善不遺匹夫。故矯上之失，詰下之邪，治亂決繆，絀羨齊非，一民之軌，莫如法。屬官威民，退淫殆，止詐偽，莫如刑。

關於「絀羨齊非」一詞，《韓非子》舊注解釋為「絀其健羨，齊其為非，絀音黜」〔註2〕。

「絀（黜）羨」，很好懂，就是削減多餘的意思，而「齊非」，我們來看諸家的解釋，如梁啟雄說：「齊非」，謂整齊那些違反道理的事。〔註3〕王煥鑣說：「齊非」，劃一、調整那些不正確的事情。〔註4〕張覺譯為：「整治錯誤」〔註5〕。《韓非子校注》則解釋為「糾正錯誤」〔註6〕。

檢《淮南子・泰族》有「將以救敗扶衰，黜淫濟非」語，《韓詩外傳》卷五作「將以正〈止〉惡扶微，絀繆淪非」，屈守元謂「淪」當為「濟」之誤，甚是。〔註7〕《文子・道原》曰：「利貫金石，強淪天下。」「強淪天下」，《淮南子・原道》作「強濟天下」，俞樾說「似宜從《淮南》」〔註8〕，可從。案

〔註1〕此文發表於《中國典籍與文化》2017年第3期。
〔註2〕《韓非子》，上海古籍出版社，1990年，第15頁。
〔註3〕梁啟雄：《韓子淺解》，中華書局，1982年，第41頁。
〔註4〕王煥鑣：《韓非子選》，上海人民出版社，1974年，第92頁。
〔註5〕張覺：《韓非子全譯》，貴州人民出版社，1995年，第78頁。
〔註6〕周勛初：《韓非子校注》（增訂本），鳳凰出版社，2009年，第41頁注⑰。
〔註7〕屈守元：《韓詩外傳箋疏》，巴蜀書社，2012年，第242頁。
〔註8〕俞樾撰、李天根輯：《諸子評議補錄》，臺北世界書局，1958年，第12頁。

「淪」、「濟」形近致誤，如「濟」字，漢簡或作 ，〔註9〕又如《尸子‧發蒙》引孔子曰：「臨事而懼，希不濟」，「濟」字，日本鎌倉時代（1192～1330）寫本《群書治要》作「」〔註10〕，與「淪」字極近，皆可以為證。

據上所引，《韓非子》之「絀羨齊非」與《淮南子》之「黜淫濟非」、《韓詩外傳》之「絀繆淪〈濟〉非」構詞、文義皆相近。所以《韓非子》「絀羨齊非」無疑地應讀為「絀羨濟非」〔註11〕。濟者，止也。〔註12〕自來校注《韓非子》者，皆誤解「齊」字之字義。

下面，我們再來解釋「黜淫濟非」及「絀羨齊（濟）非」中的「淫」和「羨」二字的字義。

「淫」和「羨」義近，都是「過度」之義。「淫」訓為「過」，為經典之常訓，可以不論。而「羨」為「過度」之義，不太經見，學者多有誤解，現在就來著重談一談。

《淮南子‧精神》有「無天下不虧其性，有天下不羨其和」語句，高誘注：「虧，損；羨，過；和，適也。」吳承仕說：

> 「羨，過」之訓，古所未聞，疑「過」當作「延」，字之誤也。
> 《衛世家》：「共伯入釐侯羨道自殺。」《索隱》音延。羨、延、衍一聲之轉，其義皆為饒多。有天下不羨其和者，猶云得天下不以為泰也。誤「延」為「過」，其義遠矣。

于省吾說：

> 吳承仕云「疑『過』當作『延』，字之誤也。」按「不延其和」，於本義殊乖，吳說非是。注訓「羨」為「過」，乃讀「羨」為「愆」也。《詩‧板》「及爾遊羨」，《釋文》：「羨本作衍。」《左‧昭二十一年傳》：「豐愆」，《釋文》：「愆，本或作衍。」是其證也。《詩‧氓》「匪我愆期」，傳：「愆，過也。」《左‧昭二十六年傳》：「用愆厥位」，

〔註9〕 見《肩水金官漢簡（壹）》73EJT6：138，轉引自李洪財《漢簡草字整理與研究》下編《漢代簡牘草字彙編》，吉林大學博士學位論文，指導教師：林沄教授，2014年6月，第485頁。

〔註10〕《群書治要》（五），日本汲古書院，1989年，第406頁。

〔註11〕「齊」、「濟」古字通用，可參高亨《古字通假會典》，齊魯書社，1997年，第578頁。

〔註12〕 參屈守元《韓詩外傳箋疏》引向宗魯說，巴蜀書社，2012年，第242頁。又關於濟訓為止，可參宗福邦、陳世鐃、蕭海波主編：《故訓匯纂》，商務印書館，2003年，第1335頁。

注：「愆，失也。」失、過同義，故《太玄》擬《易》，《大過》為《失》。

此言「有天下不失其和」與上句「無天下不虧其性」，文正相對。

案「羨」通訓為「饒餘」、「饒溢」（看《故訓匯纂》，1807 頁），可知其訓為「過」者，乃「過度」之「過」，而非「過失」之「過」，所以于省吾之說實不可信；而吳承仕謂『『羨，過』之訓，古所未聞，疑『過』當作『延』，字之誤也」。案「羨，過」之訓，不僅是高誘這麼訓釋，也見於《玉篇》（殘卷）引許慎注，可見確是漢代學者對「羨」字的訓詁，不可輕易地加以否定。況且「過」、「延」二字之字形也明顯不相近，所以吳承仕疑「過」當作「延」，是毫無根據的猜測。〔註 13〕

最後總結一下，《韓非子》「絀羨齊（濟）非」和《淮南子》「黜淫濟非」，就是削減過度（或多餘）、遏止過失（或錯誤）的意思；當然也可以換一種說法，即：將過度（或多餘）的東西削減掉、將過失（或錯誤）遏止住。

附：「齊」字通「濟」

「濟」字古訓為「止」，字又作「霽」〔註 14〕，這在文獻中是常見的，無需多說。而訓為「止」的「濟」，古書中有時或寫作「齊」，則容易為注釋者及讀者所忽略，那末我們現在就來談一談。

《韓非子·有度》有下引一段話：

> 故矯上之失，詰下之邪，治亂決繆，絀羨齊非，一民之軌，莫
>
> 如法；屬官威民，退淫殆，止詐偽，莫如刑。

我們曾認為「絀羨齊非」與《淮南子·泰族》「黜淫濟非」、《韓詩外傳》卷五「絀繆淪〈濟〉非」構詞、文義皆相近。所以《韓非子》「絀羨齊非」應讀為「絀羨濟非」〔註 15〕。

又《太平御覽》卷 577《樂部》十五《琴上》引揚雄《琴清英》有下引一段話：

〔註 13〕何寧說，唐本《玉篇》引《淮南》「羨者止於度」，又引許注「羨，過也」，此可從，「過」字不誤。見何寧《淮南子集釋》，中華書局，2010 年，543～544 頁。又本文引吳承仕、于省吾的意見也見於何寧《淮南子集釋》。案顧野王《玉篇》（殘卷）所引《淮南子》，見《續修四庫全書》（第 228 冊），上海古籍出版社，2002 年，第 371 頁。

〔註 14〕可參宗福邦、陳世鐃、蕭海波主編：《故訓匯纂》，商務印書館，2003 年，第 1335 頁。

〔註 15〕參蔡偉：《讀〈韓非子〉札記一則》，載《中國典籍與文化》2017 年第 3 期。

昔者神農造琴以定神，齊媱僻，去邪欲，反其天真者也。

〔註16〕

宋・潘自牧《記纂淵海》卷七十八亦作：「齊媱僻，去邪欲」。而《事類賦》卷
11引作：

昔者神農造琴以定神，禁滛僻，去邪慾，反其天真者也。〔註17〕

《路史》卷三十三引作：

───────────

〔註16〕 日本宮內廳書陵部圖書寮文庫藏，第67冊；又《太平御覽》（一四），四部叢
　　　　刊三編子部（48），上海書店，1985年，第9頁；又《太平御覽》（三），中華
　　　　書局，1995年，第2607頁。
〔註17〕（宋）吳淑撰注：《事類賦》，《北京圖書館古籍珍本叢刊75》，書目文獻出版
　　　　社，1989年，第416頁；冀勤等校點：《事類賦注》，中華書局，1989年，第
　　　　235、第239頁。

揚雄琴清英云昔者神農造琴以定神，禁淫僻，去邪欲，反其天真。

張震澤《揚雄集校注》〔註18〕引作：

　　　昔者神農造琴，以定神，禁婬嬖，去邪欲，反其真者也。

並注「禁婬嬖」為：

　　　婬：同淫。嬖：寵愛。《御覽》此句作「齊媱僻」。〔註19〕

字作「嬖」，蓋依嚴可均輯《全上古三代秦漢三國六朝文》〔註20〕。案「嬖」同「僻」，即「邪僻」之義，不當訓為「寵愛」。

是諸書所引，或作「齊媱（婬—淫）僻」，或作「禁媱（淫）僻」。當以作「齊」為是，作「齊」者為子雲原文，其作「禁」者，蓋為後人以訓詁字代之而改之者。

子雲多識古文奇字，諳悉古義，卓然為漢世小學名家，此文實有所本，蓋取則於《淮南子·泰族》：

　　　神農之初作琴也，以歸神杜淫，反其天心。

而《泰族》原文作：

　　　神農之初作琴也以歸神及其淫也反其天心

此據王念孫說校正。〔註21〕王氏所依據為《文子·上禮篇》作「聖人之初作樂也，以歸神杜淫，反其天心」。

案「歸神杜淫」與「定神」「齊（濟）媱（婬—淫）」同義，「歸神」之「歸」，應訓為「安」「安寧」，如《篆隸萬象名義》：「歸，居暉反。旋、返也、遺也、向也、就也、安寧。」

歸　居暉反旋返也遺、
向、就、安寧、

〔註18〕張震澤：《揚雄集校注》，上海古籍出版社，1993年，第233頁。

〔註19〕張震澤：《揚雄集校注》，第234～235頁。

〔註20〕嚴可均輯：《全上古三代秦漢三國六朝文》，中華書局，1958年，第421頁。

〔註21〕王念孫：《讀書雜志》，江蘇古籍出版，2000年，第950頁。

又《續一切經音義》卷九「倏歸」引《切韻》云：「還也、就也、又安靜也。」〔註22〕皆可為證。

又《墨子·魯問》曰：

> 我使綽也，將以濟驕而正嬖也。〔註23〕

孫詒讓引畢（沅）云：「濟，止也。嬖同僻。」案「正嬖（僻）」之「正」疑當作「止」，「正」「止」形近而相訛混。〔註24〕

檢孔穎達《毛詩正義序》曰：

> 夫詩者，論功頌德之歌，止僻防邪之訓，雖無為而自發，乃有益於生靈。

又《論語注疏》卷二《為政》正義有下引一段文字：

> 《詩》之為體，論功頌德，止僻防邪，大抵皆歸於正，故此一句可以當之也。

皆是「止僻」二字連文之證。

「濟驕而正〈止〉嬖（僻）」為並列結構，與「齊（濟）媱（婬—淫）僻」文義略同。

〔註22〕參宗福邦、陳世鐃、蕭海波主編：《故訓匯纂》，商務印書館，2003 年，第 1186 頁。

〔註23〕孫詒讓：《墨子閒詁》（下冊），中華書局，1986 年，第 440 頁。

〔註24〕如《讀書雜志·墨子第六·雜守》「到傳到城正」，王念孫引王引之謂「正，當為止」；《淮南內篇第九·主術》「美者正於度」，王念孫謂「正，當為止」。參《故訓匯纂》，第 1178 頁。又《淮南子·兵略》：「是故將軍之心，滔滔如春，曠曠如夏，湫漻如秋，典凝如冬。」高誘注：「典，常；凝，正〈止〉也。常正〈止〉於冬也。」吳承仕《淮南舊注校理》說：「注文正字並當作止」，今據改。參何寧：《淮南子集釋》，中華書局，1998 年，第 1085 頁。

二、讀《莊子》札記七則 [註1]

　　《莊子》作為道家的重要典籍，「其文則汪洋辟闔，儀態萬方，晚周諸子之作，莫能先也。」[註2] 因而也被人稱之為「文學的哲學，哲學的文學」，是非常值得反覆閱讀的經典作品。

　　我們在讀《莊子》的過程中，除了吸收歷代研究者的正確意見外，也積累了一些問題和一些不成熟的看法，現在寫出來，以供讀者批評指正。

1. 樊然殽亂

　　《齊物論》曰：

　　　　自我觀之，仁義之端，是非之塗，樊然殽亂，吾惡能知其辯？

《經典釋文》：「樊音煩。」成玄英疏：「樊亂糾紛，若殽饌之雜亂。」南宋林希逸《莊子鬳齋口義》認為「樊然，紛然也」，可從。

　　案「樊」為奉母元部合口三等字，「紛」為非母文部合口三等字，古音相近，故字義亦相近。《淮南子·泰族》有「此使君子小人，紛然淆亂」語、[註3]《漢書·藝文志》有「諸子之言，紛然殽亂」語，[註4] 並可以為證。

2. 導大窾

　　《養生主》曰：

　　　　方今之時，臣以神遇而不以目視，官知止而神欲行。依乎天理，
　　　　批大郤、導大窾，因其固然。

〔註 1〕此文發表於《諸子學刊》（第二十輯），上海古籍出版社，2020 年。
〔註 2〕魯迅《漢文學史綱要》語。
〔註 3〕何寧：《淮南子集釋》，中華書局，2010 年，第 1410 頁。
〔註 4〕班固：《漢書》，中華書局，1987 年，第 1701 頁。

「導」字《經典釋文》作「道」。頗疑「導」或「道」皆當讀為「擣」。「導」、「道」、「擣」古音並屬幽部，聲母則一為定母，一為端母，古音極近。「擣」與「批」同義，都是「擊」的意思。

前賢已經指出，《史記・孫子列傳》「夫解雜亂紛糾者不控捲，救鬥者不搏撠，批亢擣虛，形格勢禁則自為解耳」〔註5〕，其中「批亢擣虛」之「亢」當讀為「康」，亢、康古音同。《禮記・明堂位》「崇坫康圭」，鄭玄注曰：「康，讀為亢龍之亢」，是其例也。「康」亦虛也。《詩・小雅・賓之初筵》「酌彼康爵」，鄭玄箋：「康，虛也。」〔註6〕《爾雅・釋詁下》作「阬」、「濂」，《方言》卷十三作「㝩」。「批亢（康）」、「擣虛」互文耳。〔註7〕

我們認為《莊子》之「批大郤（際）、導大窾」與《史記・孫子列傳》言「批亢擣虛」文義相近。

3. 豫通

《莊子・德充符》曰：

> 故不足以滑和，不可入於靈府靈府，使之和豫通而不失於兌，
> 使日夜無郤，而與物為春，是接而生時於心者也。

案「使之和」之「和」即「滑和」之「和」，指「天和」。《淮南子・俶真》「交被天和」，高誘注：「和，氣也。」「滑和」一詞，習見於道家文獻，其見於《淮南子》者：

> 聖人不以身役物，不以欲滑和。　（《原道》）
> 生寄也，死歸也，何足以滑和。　（《精神》）
> 然而羞以物滑和。　　　　　　　（《齊俗》）

其見於《文子》者：

> 不以物滑和，不以欲亂情。　　　（《道原》）
> 故聖人不以智役物，不以欲滑和。（《道原》）
> 無益於性者不以累德，不便於生者不以滑和。（《九守・守易》）

古書中「和」與「神」也往往相對為文，如：

〔註5〕司馬遷：《史記》（七），中華書局，2015年，第2633頁。

〔註6〕唐文編著：《鄭玄辭典》，語文出版社，2004年，第171頁。

〔註7〕參郝懿行：《爾雅義疏》，收入朱祖延主編：《爾雅詁林》（上卷一），湖北教育出版社，1996年，第417頁；又尹桐陽《爾雅義證》亦有相類似的意見，見朱祖延主編：《爾雅詁林》（上卷一），第418頁。

《淮南子·俶真》：「是故目觀玉輅琬象之狀，耳聽白雪清角之
聲，不能以亂其神；登千仞之谿，臨蝯眩之岸，不足以滑其和。」
〔註8〕

又如：

《莊子·知北游》：「若正汝形，一汝視，天和將至；攝汝知，
一汝度，神將來舍。」

《淮南子·道應》：「正女形，壹女視，天和將至；攝女知，正
女度，神將來舍。」

《文子·道原》：「正汝形，一汝視，天和將至；攝汝知，正汝
度，神將來舍。」

《文子·九守·守樸》中有與《莊子》相近的語句，作：

使精神暢達而不失於元，日夜無隙，而與物為春，即是合而生
時於心者也。

《淮南子·精神》作：

使神滔蕩〔註9〕而不失其充，日夜無傷，而與物為春，則是合
而生時於心也。〔註10〕

對比《莊子》、《文子》和《淮南子》，可以知道，《莊子》的「豫通」是
一固定的詞語，應當連讀。故《莊子》此句當讀為「使之和豫通，而不失於
兌」。

「豫通」即「暢通」。「豫」為以紐（即喻四）開口〔註11〕三等魚部字，
「暢」為徹紐開口三等陽部字，魚、陽二部為陰陽對轉。「豫」、「暢」相通，
猶「序」與「象」、「予」與「陽」、「序」與「庠」之相通。〔註12〕

綜上所述，「使之和豫通」，應該就是「使其和氣暢通」的意思。

《莊子》此句郭象注說：

苟使和性不滑，靈府間豫，⋯⋯

〔註8〕何寧：《淮南子集釋》，第109～110頁。

〔註9〕案「滔蕩」當讀為「條暢」。

〔註10〕何寧：《淮南子集釋》，第527頁。

〔註11〕「豫」字中古音為合口，上古音當屬開口，參看王力：《龍蟲並雕齋文集》（第
一冊），中華書局，1982年，第112頁。

〔註12〕參楊樹達：《古音對轉疏證》，收入《積微居小學金石論叢》，中華書局，1983
年，第131～132頁。

尚得「和」字本義，至成玄英《疏》乃云：

> 體窮通，達生死，遂使所遇和樂，中心逸豫，……

始以「和樂」釋「和」。一些「今注本」往往讀「使之和豫，通而不失於兌」，〔註13〕或「使之和豫通而不失於兌」，〔註14〕又把「和豫」或「和豫通」，看成一個詞，如曹礎基先生注：

> 「和豫」，和順逸樂。〔註15〕

陳鼓應先生注：

> 「和豫通」，謂安適通暢。「和豫」也就是和樂。〔註16〕

顯然都不可從。又郭象釋「豫」為「閒豫」、成玄英釋「豫」為「逸豫」，〔註17〕皆非是。

4. 枲耨之所刺

《胠篋》曰：

> 網罟之所布，枲耨之所刺。

案「刺」疑當為「刺」，字之誤也。「刺」當讀為「列」。「刺」、「列」古音同在月部，聲紐同為來母。「刺」之通「列」，猶出土文獻以「刺」為「烈」，如金文「刺考」，經典通作「烈考」；又如清華簡《祭公之顧命》簡8「以余少（小）子颺（揚）文武之刺（烈），颺墬（成）、康、邵（昭）宲（主）之刺（烈）」，皆其例也。

「布」、「刺（列）」皆為陳設之義（《廣雅‧釋詁一》：「陳、布，列也。」）。「網罟之所布，枲耨之所刺〈刺—列〉」，上下屬對，文義相近。《淮南子‧本經》有「網罟無所布，枲耨無所設」〔註18〕，語即本於《莊子》，尤為顯證。

5. 運物之泄

《山木》曰：

> 飢渴寒暑，窮桎不行，天地之行也，運物之泄也。

〔註13〕曹礎基：《莊子淺注》，中華書局，1982年，第82頁。
〔註14〕陳鼓應：《莊子今注今譯》，中華書局，2009年，第172頁。
〔註15〕曹礎基：《莊子淺注》，第83頁。
〔註16〕陳鼓應：《莊子今注今譯》，第176頁。
〔註17〕郭慶藩：《莊子集釋》，北京市中國書店，1988年，第28頁。
〔註18〕何寧：《淮南子集釋》，第600頁。

《釋文》引司馬云：「運，動也；泄，發也。」章太炎認為：「運」借為「員」，員物猶言品物。〔註19〕

案「運物」疑當作「邁物」。「邁物」即「萬物」。出土文獻如金文中借「邁」為「萬」者習見。如《叔尸鐘》「女考壽邁年」、《小克鼎》「邁年無彊」、《噩侯鼎》「其邁年子孫永寶用」、《九年衛鼎》「衛其邁年永寶用」、《秦公簋》「邁民是敕」等。〔註20〕

古書恒以「天地」、「萬物」相對為文。如《莊子·德充符》「官天地，府萬物」、《秋水》「是未明天地之理、萬物之情者也」、《天下》「判天地之美，析萬物之理」；又《荀子·解蔽》「經緯天地而材官萬物」；《禮記·中庸》「致中和，天地位焉，万物育焉」等等，皆可以為證。

6. 蟻丘之漿

《則陽》曰：

> 孔子之楚，舍於蟻丘之漿。其鄰有夫妻臣妾登極者。

《藝文類聚》卷82《菰》下、《太平御覽》卷999《百卉部六》引《莊子》並作「孔子之楚，舍於蟻丘之蔣」。又《釋文》引李曰「賣漿家」、司馬曰「謂逆旅舍以菰蔣草覆之也」。

「漿」、「蔣」疑皆當讀為《詩·大雅·皇矣》「在渭之將」之「將」。毛亨傳曰：「將，側也。」鄭玄箋曰：「將，邊也。」「蟻丘之漿（將）」猶《莊子·山木》之「雕陵之樊」也（案：樊，邊也。《莊子·則陽》「冬則擉鱉於江，夏則休乎山樊」，《釋文》：「樊，音煩，李云：『傍也。』」《淮南子·精神訓》「體本抱神，以遊於天地之樊」，高誘注：「樊，崖也。」）。

《左傳·定公八年》記載陽虎作亂出奔，云「舍於五父之衢，寢而為食」，其中的「舍於五父之衢」與「舍於蟻丘之漿（將）」文例完全相同。可見把「漿」、「蔣」讀為當邊側講的「將」，至少從語法上是比較合適的。

又「登極」之「極」，成玄英《疏》：「極，高也。」案此「極」字即「登峰造極」之「極」，這裡是指蟻丘的最高處。〔註21〕

綜上所述，《莊子》這段話的意思是說：

〔註19〕轉引自王叔岷：《莊子校詮》（下冊），中華書局，2007年，第752頁。
〔註20〕王輝：《古文字通假字典》，中華書局，2013年，第759頁。
〔註21〕參楊柳橋：《莊子譯注》，上海古籍出版社，2007年，第435頁。

孔子到楚國去，舍息在蟻丘的邊側。而蟻丘邊上的鄰近本來有居住的夫妻和奴僕們卻全都登上了蟻丘之巔。

7. 堅而縵

《列禦寇》曰：

孔子曰：「凡人心險於山川，難於知天；天猶有春秋冬夏旦暮之期，人者厚貌深情。故有貌愿而益，有長若不肖，有順懷而達，有堅而縵，有緩而釬。故其就義若渴者，其去義若熱。」

案敦煌寫卷 P.4073《文子》有「是以器械不惡，職事不寧也」，蕭旭先生指出「寧」為「曼」形誤，他說：

寫卷「惡」字殘存下「心」部，據今本《文子》錄，《淮南子·主術篇》作「苦」。「苦」同「楛」，粗惡不堅固也，與「惡」字同義。職，今本《文子》、《淮南子》作「職」，《玉篇》：「職，俗『職』字。」寧，今本《文子》作「慢」，《淮南子》作「嫚」。高誘注：「苦讀鹽。嫚，捕器，嫚讀慢緩之慢。」張雙棣曰：「『嫚』絕無『捕器』之訓。高注『嫚讀慢緩之慢』，是釋嫚為慢，即懈怠之義。『捕器』與此義無涉，恐為傳寫竄入。」〔註22〕所說並是也。《淮南子·時則篇》：「工事苦慢。」高誘注：「苦，惡也。慢，不牢也。」「不牢」即「怠緩」義之引申。「苦慢」或作「楛僈」，《荀子·榮辱》：「其定取舍楛僈。」楊倞註：「楛，惡也，謂不堅固。」或倒作「僈楛」，《荀子·富國》：「芒軔僈楛。」楊倞註：「僈與慢同。楛，不堅固也。」「楛僈」、「僈楛」即《淮南子》之「苦慢」、「苦嫚」，僈亦讀為慢。葛剛岩曰：「『寧』與文義不稱，當作『慢』。或『寧』為『僜』之缺致。僜，庸劣也。」後說不安，「寧」為「曼」形誤。〔註23〕

〔註22〕今按：捕疑即「不牢」二字之訛誤。又此處「不牢」及《淮南子·時則篇》「工事苦慢」，高誘注：「慢，不牢也」，「牢」皆當為「堅」，《淮南子》一書，因避隋煬帝諱，故「堅」字多改為「牢」，如《淮南子·兵略》「非有牢甲利兵」，日本藏古鈔本作「堅」（參何寧《淮南子集釋》，中華書局，2010年，第1063頁）、《淮南子·泰族》「夫矢之所以射遠貫牢者」，《群書治要》引作「堅」（參何寧《淮南子集釋》，第1384頁）、又《淮南子·兵略》「不擊填填之旗」，許慎注：「填填，旗立牢端貌」，「牢」亦當作「堅」，《篆隸萬象名義》「闐」字有「旗上〈立〉堅端也」之義訓（中華書局，1995年，第106頁），即本《淮南子》許慎注，是其證。

〔註23〕蕭旭：《敦煌寫卷〈文子〉校補》，《學燈》2010年第1期。

案蕭旭先生文中所引的古書，其中的「緩」、「慢」、「嫚」、「僈」都是不堅固之義，也就是「脆」的意思。

又《肩水金關漢簡（壹）》簡 73EJT4：86 有「繩或短小緩惡□」語，〔註24〕所云「緩惡」也應是不堅固的意思。

我們現在再來看《列禦寇》「有堅而緩，有緩而釬」這句話，其中的「緩」字很明顯也應該理解為「不堅固」、「脆」的意思。

俞樾《諸子平議》認為「緩者慢之假字，釬者悍之假字。堅強而又惰慢，紓緩而又桀悍，故為情貌相反也」，〔註25〕俞氏以「慢」為「惰慢」，以「桀悍」釋「悍」，皆非是。檢陸德明《經典釋文》：「釬，急也。」可從。字又作「悍」。〔註26〕

〔註24〕《肩水金關漢簡（壹）》，中西書局，2011 年，第 88 頁。
〔註25〕俞樾：《諸子平議》，臺北世界書局，1958 年，第 223 頁。
〔註26〕參宗福邦、陳世鐃、蕭海波：《故訓匯纂》，商務印書館，2003 年，第 794 頁。

三、讀《莊子》札記三則〔註1〕

1. 大浸稽天而不溺

《莊子·逍遙遊》曰：

> 大浸，稽天而不溺，大旱，金石流、土山焦而不熱。〔註2〕

案《淮南子》中有下列一些句子：

1. 旱雲煙火，涔雲波水。〔註3〕
2. 妻子老弱仰而食之，時有涔、旱災害之患。〔註4〕
3. 宮池涔則溢，旱則涸。〔註5〕
4. 涔則具擢對，旱則修土龍。〔註6〕

《淮南子》以「涔」「旱」對文，《莊子》以「浸」「旱」對文，而「涔」「浸」古音又極近，〔註7〕那末，《莊子》的「浸」，應該就是《淮南子》的「涔」，當訓為「久雨水潦」、「多水也」。

2. 振我

《莊子·田子方》曰：

〔註1〕此文首發於復旦大學出土文獻與古文字研究中心網站，http://www.fdgwz.org.cn/Web/Show/521，2008/10/4。原文無第三條「善刀而藏之」。

〔註2〕《莊子》，《二十二子》，上海古籍出版社，1986年，第14頁。

〔註3〕《淮南子·覽冥》，《二十二子》，上海古籍出版社，1986年，第1231頁。

〔註4〕《淮南子·主術》，第1247頁。

〔註5〕《淮南子·說林》，第1285頁。

〔註6〕《淮南子·說林》，第1288頁。

〔註7〕《說文》「梣」重文作「檆」，是其例證。

往也蘄見我，今也又蘄見我，是必有以振我也。〔註8〕

案《荀子·堯問》:「天使夫子振寡人之過也。」〔註9〕王念孫曰:「振，救也。〈史記·蒙恬傳〉曰:『過可振而諫可覺』，故曰『振寡人之過』」〔註10〕又《韓子·說林下》曰:「吾嘗好音，此人遺我鳴琴；吾好佩，此人遺我玉環；是【不】振我過者也。」〔註11〕

很明顯，《莊子》的「振我」是省略了「過」字。「振」當訓為「救」。〔註12〕

那末，訓振為「動也」、〔註13〕「告也」〔註14〕又釋「振我猶言起予」〔註15〕的，就都不能成立了。

3. 善刀而藏之

《莊子·養生主》有下引一段話:

雖然，每至於族，吾見其難為，怵然為戒，視為止，行為遲，動刀甚微，謋然已解，如土委地。提刀而立，為之四顧，為之躊躇滿志，善刀而藏之。

郭象注曰:

善猶拭也。

案此說可從。《爾雅·釋詁》:「挋、拭、刷，清也。」《禮記·喪大記》「浴用絺巾，挋用浴衣」，鄭玄注:「挋，拭也。」《儀禮·士喪禮》「乃沐，櫛挋用巾」，鄭玄注:「挋，晞也，清也。」「善」與「挋」音義並同。

乃陸澹安認為「善」與「繕」通，又謂「古人凡整理甲兵，輒用繕字。

〔註 8〕《莊子》，第 59 頁。

〔註 9〕《荀子》，第 362 頁。

〔註 10〕王念孫:《讀書雜志》，江蘇古籍出版社，2000 年，第 748 頁。

〔註 11〕依日人松皋圓、太田方說補「不」字，轉引自陳奇猷《韓非子集釋》，上海人民出版社，1974 年，第 466 頁；又向宗魯《說苑校證·權謀》(中華書局，2000 年，第 325 頁)「是不非我過者也」下云:「〈韓子〉、〈家語〉王注『非』作『振』，『振，救也。』(今本〈韓子〉脫『不』字，非是。)」。

〔註 12〕諸家校釋《莊子》，只有楊柳橋《莊子譯詁》說:「按:〈說文〉『振，舉也，救也。』尹知章〈荀子〉注『振，正也。』」差為近之。

〔註 13〕成玄英曰:「振，動也。」《莊子集釋》，中華書局，2004 年，第 705 頁。

〔註 14〕高亨說:「振，告也……亦可讀為畛。」《諸子新箋》，齊魯書社，1980 年，第 104 頁。

〔註 15〕王先謙曰:「振我，猶言起予。」《莊子集解》，中華書局，1987 年，第 177 頁。

善刀雖有持刀拂拭之意，若逕以善作拭解，則非也」〔註16〕，是未達假借之旨。

又章太炎《訄書・解辮髮》有下引文句：

> 烏虖！余惟支那四百兆人，而振厰是恥者，億不盈一。

徐復注曰：

> 振厰，掃除。振，棄；厰，同刷。《漢書・貨殖・范蠡》：「十年
> 國富，厚賂戰士，遂報彊吳，刷會稽之恥。」顏師古注：「刷，謂拭
> 除之也。」〔註17〕

非是。「振刷」猶云洗刷。又《漢語大詞典》立「去除」義項，亦引章氏《訄書》此文，亦不可從。

又《論語・堯問》有下引一段話：

> 予小子履，敢用玄牡，敢昭告於皇皇后帝：有罪不敢赦，帝臣不
> 蔽，簡在帝心。朕躬有罪，無以萬方；萬方有罪，罪在朕躬。〔註18〕

案「帝臣不蔽」之「臣」可讀為「善」。《史記・刺客列傳》「委質而臣事襄子」，《戰國策・趙策一》作「善事襄子」。可為其證。《說文》：「頤，舉目視人兒。」又「顉，倨視人也。」「頤」「顉」亦聲近而義同。

《論語》「臣（善）」「罪」相對為文，《墨子・兼愛》有類似文句作：

> 惟予小子履，敢用玄牡，告於上天后曰：天今大旱，即當朕身
> 履，未知得罪於上下。有善不敢蔽，有罪不敢赦，簡在帝心。萬方
> 有罪，即當朕身；朕身有罪，無及萬方。〔註19〕

其文正作「有善不敢蔽」，是其證。又《廣雅・釋言》：「臣，繕也。」「臣」「繕」亦音近而義同。

〔註16〕陸澹安：《莊子末議》，上海錦繡文章出版社，2012年，第13～14頁。
〔註17〕徐復：《訄書詳注》，上海古籍出版社，2000年，第940頁。
〔註18〕《十三經注疏・論語》，上海古籍出版社，1997年，第2535頁。
〔註19〕孫詒讓：《墨子閒詁》（上冊），中華書局，1986年，第112～113頁。

四、讀《楚辭》札記二則

1. 說「神奔而鬼怪」

《楚辭‧遠遊》有下引文句：

> 因氣變而遂曾舉兮，忽神奔而鬼怪。時髣彿以遙見兮，精皎皎
> 以往來。

王逸注曰：

> 往來奄忽，出杳冥也。

洪興祖補注曰：

> 《淮南》云：鬼出電入。又曰：電奔而鬼騰。皆神速之意。

〔註1〕

注家或譯為：

> 突然間神奔走鬼也驚慌。〔註2〕

或譯為：

> 能像鬼神往來瞬息萬變。〔註3〕

都是將「怪」如字讀。

又姜亮夫先生譯為：

> 飄飄忽忽，有如神之奔馳，鬼的騰躍。〔註4〕

則是據洪興祖補注立論，實際上是巧妙地避開了對「怪」字的解釋。

〔註1〕洪興祖：《楚辭補注》，中華書局，2006年，第165頁。
〔註2〕董楚平：《楚辭譯注》，上海古籍出版社，1986年，第196頁。
〔註3〕黃壽祺、梅桐生：《楚辭全譯》，貴州人民出版社，1990年，第122頁。
〔註4〕姜亮夫：《屈原賦今譯》，雲南人民出版社，1999年，第300頁。

又聞一多《莊子內篇校釋》中引《遠遊》此文，於「怪」字下以小字注為「遁」〔註5〕，則是讀「怪」為「遁」，然「遁」「怪」二字古音並不相近，不能通假，所以聞氏之說也不能成立。

看來，我們對於「怪」字的確有必要作一番考證。

案銀雀山漢墓竹簡《唐勒》簡2119有「子神賁（奔）而鬼走」之語，〔註6〕整理小組注：

> 此句與《覽冥》「電奔而鬼騰」相當。簡文「子」字似是衍文。《覽冥》「電」字簡文作「神」，《淮南子·原道》「鬼出電入」之「電」，《文選》卷五十六《新刻漏銘》註亦引作「神」。「電」、「神」二字皆從「申」聲，古音相近。據文義，似以作「神」為長。《淮南子·兵略》「神出而鬼行，星耀而玄運，進退詘伸，不見朕埒」文字與此相近，亦以「鬼」「神」對舉。（第251頁）

案《漢書·揚雄傳》也有「神騰鬼趡」之語。是「神賁（奔）而鬼走」、「電（神）奔而鬼騰」、「神出而鬼行」、「神騰鬼趡」與「神奔而鬼怪」的構詞形式及文義皆極其近似。

尤其值得注意的是：《太平御覽》卷746、卷896兩引《淮南子·覽冥》，皆作「電（神）奔而鬼駭」〔註7〕。

〔註5〕聞一多：《莊子內篇校釋》，收入《古典新義》（上冊），古籍出版社，1956年，第241頁。
〔註6〕《銀雀山漢墓竹簡（貳）》，文物出版社，2010年，第249頁。
〔註7〕參何寧：《淮南子集釋》，中華書局，2010年，第474頁。

我們認為，《遠遊》「神奔而鬼怪」的「怪」字，就可以讀為「駭」。「怪」字古音為見母之部，「駭」字古音為匣母之部，古音極近，故可以假借。「怪」與「駭」通，猶「怪」與「佹」音義相近，為同源關係。〔註8〕

「駭」者，動也。《廣雅》作「挨」。《廣雅·釋詁一》：「挨，動也。」王念孫《疏證》說：

> 挨者，《玉篇》：「胡改切，撼動也。」高誘注《淮南子·俶真訓》
> 云：「駭，動也。」「駭」與「挨」聲近義同。〔註9〕

案《淮南子·俶真》原文作：

> 聖人之所以駭天下者，真人未嘗過焉；賢人之所以矯世俗者，
> 聖人未嘗觀焉。

《莊子·外物》有近似的語句，作：

> 聖人之所以駴天下，神人未嘗過而問焉；賢人所以駴世，聖人
> 未嘗過而問焉；君子所以駴國，賢人未嘗過而問焉。

即為《淮南》所本。

又「駭」有「動」的意思，〔註10〕在古文獻中，「駭」「動」也往往對舉，如：

> 1.《春秋繁露》：是以心駭目動，而違常禮。
>
> 2. 漢《裴君碑》：駭目動愍。〔註11〕
>
> 3. 蘇彥《語箴》：雷動風駭。
>
> 4. 宋·蘇軾《順濟王廟新獲石砮記》：傳觀左右，失手墜於江
> 中，乃禱於神，願復得之，當藏之廟中，為往來者駭心動目詭異之
> 觀。

皆可為證。

案《史記·司馬相如列傳》說：

> 金鼓迭起，鏗鎗鐺鼞，洞心駭耳。

類似的語句如宋·楊萬里《答周監丞》：「『濯龍』二大字，洞心駭目，得未曾有。」明·沈德符《野獲編補遺·內監·內廷豢畜》：「大內自畜虎豹諸奇

〔註8〕 參殷繼明：《漢語同源詞大典》，復旦大學出版社，2018年，第586頁。

〔註9〕 參王念孫：《廣雅疏證》，中華書局，1983年，第38頁。

〔註10〕 又可參郭在貽《訓詁札記》「駭」條下，收入《郭在貽文集》（第三卷），中華書局，2002年，第383～384頁。

〔註11〕 《文物》2012年第9期，第64頁，拓片見第65頁。

獸外，又有百鳥房，則海外珍禽靡所不備，真足洞心駭目。」清·盧文弨《〈游宦紀聞〉跋》：「初不知異聞之有錄也。一日出示，余洞心駭目，多聞所未聞者。」〔註12〕

凡此「洞」字應讀為「動」。《鬼谷子·符言》：「隱微之中，是謂洞天下之奸。」「洞」，《管子·九守》、敦煌唐寫本《六韜》並作「動」，是其證。又凡從「同」聲之字，多有「動」義，如《方言》：「矔眮，轉目也。梁益之間瞋目曰矔，轉目顧視亦曰矔，吳楚曰眮。」

又《孔叢子·雜訓》曰：

> 蓋聞君子猶鳥也，疑之則舉。

傅亞庶校：

> 鳥，一本作「鳳」，一本、《子思子·過齊篇》作「鳥」。《楚辭·抽思》洪興祖《補注》：「君子猶鳥也，疑之則舉矣。」庶按：疑作「鳳」是，喻高潔之舉。

蕭旭先生說：

> 傅說非也。「鳥」字是，《呂氏春秋·審應》：「蓋聞君子猶鳥也，駭則舉。」《子思子·胡毋豹》同。此其明證也。高誘注：「駭，擾也。」「疑」當作「駭」，「礙」一作「硋」，是其比。下文「今君既疑矣」，亦同，謂今君既已驚駭我矣。舉，猶飛也。〔註13〕

案此「駭」字，高誘注為「擾也」，則是擾動之義。

王凱博先生認為「電（神）奔而鬼駭」的這些「駭」字是可以表示飛奔、疾馳一類詞義的……可以肯定「駭」與「走」、「騰」意思應該相近。〔註14〕

其實「動」與「奔走」之義相因，如《說文》：「趄，動也。」而《廣雅·釋宮》則訓「趄」為「犇也」，〔註15〕是其證。

綜上所述，我們認為，「忽神奔而鬼怪（駭）」這句話，就是說速度之快如神之奔馳、鬼之走動。

〔註12〕此「洞」字或以為通「恫」，恐懼。如《漢語大字典》等，非是。
〔註13〕蕭旭：《孔叢子校補》，原載《學燈》第24期。後收入蕭旭：《羣書校補（續）·5》，臺灣花木蘭文化出版社，2014年，第1060頁。
〔註14〕說見王凱博：《出土文獻資料疑義探研》，吉林大學博士論文，指導教師：林澐教授，2018年，第320頁。
〔註15〕參王念孫：《廣雅疏證》，江蘇古籍出版社，2000年，215頁。

2. 雖僻遠之何傷

《九章・涉江》曰：

> 苟余心之端直兮，雖僻遠之何傷？

王泗原說：

> 末句之字不合句法，當是又字之誤，以形近。用又，與雖關聯。

〔註16〕

徐廣才先生說：

> 二字字形亦相差甚大，因此形誤說不可信。但王泗原將之理解為「又」，從文意上看，卻是合理的。這裏，「之」當讀為「又」。「之」，古為章母之部。「又」，古為匣母之部；韻皆為之部，聲章匣二母有關，如淮從佳聲，淮，匣母，佳，章母；匯，匣母，從淮得聲，淮從佳得聲。上博（三）《周易》簡21：「亡（無）忘又疾」，「又」，帛書本、今本皆作「之」。〔註17〕

　　徐廣才先生認為「形誤說不可信」，可從。案宋玉《九辯》有「諒城郭之不足恃兮，雖重介之何益」語，與「苟余心之端直兮，雖僻遠之何傷」句式相同，亦可證「之」字不誤。但徐先生又認為「之」當讀為「又」，恐非確論。

　　我們認為此句的「之」猶其也。〔註18〕「雖僻遠之何傷」，謂「雖僻遠其何傷」、「雖重介之何益」即「雖重介其何益」，是不改讀而文義自可通。

　　古書屢經傳寫刊刻，訛誤難免，我們要勇於改字，是在有眾多證據和材料支撐下才可以從事；也應牢記千萬不要輕改字，前人已在這方面有了很多誤校之例，包括一些校勘大家。其教訓之深刻，是值得我們作深長思的。

〔註16〕 王泗原：《楚辭校釋》，人民教育出版社，1990年，第155頁。
〔註17〕 徐廣才、張秀華：《考古發現與〈楚辭〉新證研究》，中國社會科學出版社，2021年，第187頁。
〔註18〕 參王引之：《經傳釋詞》，江蘇古籍出版社，2000年，第88～89頁。

五、讀《文館詞林》

（一）《影弘仁本〈文館詞林〉》之闕題殘篇校理 〔註1〕

　　《影弘仁本〈文館詞林〉》〔註2〕有一卷次不明之闕題殘篇，自羅國威《日藏弘仁本〈文館詞林〉校證》〔註3〕錄出釋文後，十幾年來先後都有學者作過研究。〔註4〕而斷句及校勘方面自當以新近發表的蔣曉光《日藏馬融〈上林頌〉殘篇校勘及考證》〔註5〕一文所獲為多。但比較遺憾的是，除羅國威之外，很少有人真正利用殘篇之原圖版，而多以羅氏之釋文為據，故羅氏之所誤釋者，後之學者多一一仍之而未改。

〔註1〕此文首發於復旦大學出土文獻與古文字研究中心網站，http://www.fdgwz.org.cn/Web/Show/6815，2021/10/14。

〔註2〕《影弘仁本〈文館詞林〉》，日本東京古典研究會，昭和44年（1969年），第466～467頁；又董康影印高野山正智院所藏弘仁鈔本，日本慶應義塾大學圖書館館藏書，分線裝十二冊。

〔註3〕羅國威：《日藏弘仁本〈文館詞林〉校證》，中華書局，2001年，第485～486頁。

〔註4〕如姜維公：《〈文館詞林〉闕題殘篇考證》，《古籍整理研究學刊》2004年1期；許雲和：《日藏弘仁本〈文館詞林〉卷次不明之闕題殘篇考辨》，《古籍整理研究學刊》2007年5期；吳金華、崔泰勛：《日藏弘仁本〈文館詞林〉整理研究芻議》，文載《中國學研究》（第八輯），濟南出版社，2006年；又收入吳金華：《古文獻整理與古漢語研究續集》，鳳凰出版社，2007年；王曉平：《日藏弘仁本〈文館詞林〉訛字類釋》，《西華師範大學學報（哲學社會科學版）》2017年6期；吳從祥：《〈日藏弘仁本文館詞林〉殘篇考辨》，《咸陽師範學院學報》2018年3期。

〔註5〕蔣曉光：《日藏馬融〈上林頌〉殘篇校勘及考證》，《文獻》2019年5月第3期，第43～54頁。

　　我於近日始得獲見《影弘仁本〈文館詞林〉》一書，乃不量庸昧，私作札記數條，以就正於讀者。

　　為研究方便，先將羅國威所作的釋文抄在下面：

　　　　上闕之忠言，既覽斯而淹思兮，復勤軫而南轅。徑造舟之飛梁兮，迄廣成之囿園。徒察夫坰野之窊盧，汙闕穎寥。曠蕩陵夷，連延唐荒。儻莽卷阿曲，阜高原顯敞。遙望觥觀，杳冥勿罔。獸如流川，鳥如浮雲。日未移景，人馬未勤。獲車已實，紆軫而旋。雖云蒐狩三驅之法，亦有凶荒殺禮之文。諸夏未徧被鴻奬之澤，而獨惠此封圻之六軍。竊懼聞管籥之音，見旄之美者，有舉疾首感頗之怨，不皆欣然，願此遊田，鄙人固陋，亦私惑焉。」主人曰：「吁，子所謂筩中闚駮，見前蔽後，識左暗右。以震寓燕雀之知，度鸞皇之意，猶坎井黿鼈之思，筴蛟龍之謀。從下億天，十不中千者也。往者盜竊寶璽，覆國殲家。元惡大憝，猾夏亂華。鯨鯢九嬰，封豕長馳，剝落天下，虔劉普加。億兆夷人，天昏禮瘥，十有一存，離析奔波。於是皇矣上帝，臨下有赫，鑒觀四方，求人之瘼。乃眷南顧，新野是宅。然後光武乘天機，運玉衡，建參旗，攬擽槍，操篲拂，曳長庚，掃彼四野，芟夷九區，拯斯人於沉溺，復太祖之弘基，至於永平，明光上下，來遠以文，崇德偃武，經始靈臺，路寢在後，躬化正本，孝友三五。建初郁郁，增脩前緒，班固司籍，賈逵述古，崔駰頌征，傅毅巡狩，文章煥爛，粲然可觀。自時厥後，以續妣祖，弈葉載德，不悉神符。文獻之士，設於眾寡。三九之輔，必乎儒雅，茂才尤異。鄉舉之徒，實署經行，課試圖書，不論蒐狩，不講獮苗，為日久矣。故有言穰苴孫吳之法，宋翟李牧之守者，謂之末技賤工，不容於州府。有論成荊孟賁之斷，不詹狼瞫之慓毅者，謂之戇越。訬擯棄於鄉部。是以託病辭干戈，避扞禦者以增名益高。前時議所與見危內顧，臨難奔北者，謂之明哲全身，獲福利於後。故魖魅魍魎，陸梁乎梁并，夔虛鬼蜮，滃沸乎徐楊。隅邬蛛螫，蠢動於蠻荊，王師數敗績，困德乃克征。方今聖朝遠度，深惟圖難為大，必於細微，存不忘亡，安不忘危，不教人戰，孔子所譏。故以農部下闕

　　下面，再把蔣曉光所作之釋文（誤字以圓括號「（ ）」標識，改正、補入者以方括號「〔 〕」標識），也抄在下面：

　　……之忠言。既覽斯而淹思兮，復動軫而南轅。徑造舟之飛梁
兮，迄廣成之囿園。徒察夫坰野之窊盧汙闊，顟寥曠蕩。陵夷連延，
（唐）〔浩〕莽儻莽。卷阿曲阜，高原顯敞。遙望巍觀，杳冥勿罔。
獸如流川，鳥如浮雲。日未移景，人馬未勤。獲車已實，紆軫而旋。
雖云蒐狩三驅之法，亦有凶荒殺禮之文。諸夏未徧被鴻獎之澤，而
獨惠此封圻之六軍。竊懼聞管籥之音，見〔羽〕旄之美者，有舉疾
首（感）〔蹙〕頞之怨，不皆欣然願此游田。鄙人固陋，亦私惑焉。」

　　主人曰：「吁！子所謂（篇）〔管〕中闚駮，見前蔽後，識左暗
右。以（震）〔宸〕寓燕雀之知，度鵷皇之意，猶坎井黿鼉之思，策
蛟龍之謀。從下億天，十不中（千）〔壹〕者也。往者盜竊寶璽，覆
國殲家。元惡大憝，猾夏亂華。鯨鯢九嬰，封豕長（馳）〔虵〕，剝
落天下，虔劉普加。億兆夷人，天昏禮瘯，十有一存，離析奔波。
於是皇矣上帝，臨下有赫，鑒觀四方，求人之瘼。乃眷南顧，新野
是宅。然後光武乘天機，運玉衡，建參旗，攬（攍）〔欑〕槍，操篲
（拂）〔第〕，曳長（庚）〔庚〕，掃彼四野，芟夷九區。拯斯人於沉
溺，復太祖之弘基，至於永平，明光上下，來遠以文，崇德偃武，
經始靈臺，路寢在後，躬化正本，孝友三五。建初郁郁，增修前緒，
班固司籍，賈逵述古，崔駰頌征，傅毅巡狩，文章煥爛，粲然可觀。
自時厥後，（以）〔似〕續妣祖，（弈）〔奕〕葉載德，不忝神符。文
獻之士，（設）〔謀〕於眾寡。三九之輔，必乎儒雅。茂才尤異，鄉
舉之徒，實署經行，課試圖書。不論蒐狩，不講獮苗，為日久矣。
故有言穰苴、孫吳之法，宋翟、李牧之守者，謂之末技、賤工，不
容於州府。有論成荊、孟賁之斷，（不）〔叔〕詹、狼瞫之憬毅者，
謂之戇〔愚〕、越眇，擯棄於鄉部。是以託病辭干戈，避扞禦者以增
名，益高前時議所與；見危內顧、臨難奔北者，謂之明哲全身，獲
福利於後。故魑魅魍魎，陸梁乎梁幷；夔虛〔魖〕鬼蜮，滃沸乎徐
楊；（隅郤）〔蜿蜋〕蛛蝥，蠢動於蠻荊。王師數敗績，困德乃克征。
方今聖朝遠度，深惟圖難為大，必於細微。存不忘亡，安不忘危。
不教人戰，孔子所譏。故以農（部）〔郊〕……

　　因為《影弘仁本〈文館詞林〉》一書較為罕見，現將殘篇之圖版全列於下，
以省讀者尋覓之苦及翻檢之勞。

述忠言既覽斯而淹思兮復勤
軼而南轅往造丹之飛梁兮迄廣
成之圜圍徒察夫坰野之眾廬汗
關穎眾曠蕩陵虔連延唐莊儻蓉
卷阿曲阜高原顯敝遙望藜觀者
冥勿閃獸如流川鳥如浮雲日未
移景人馬未勤獲車已實紆軷而
旋雖云蒐狩三驅之法亦有兩荒

敦禮之文諸夏未徧被鴻褘之澤
而獨惠此封圻之六軍徧耀闇管
篇之音見莪之美者有舉疾首感
頰之怨不皆欣然頫此遊田鄙人
固陋亦私惑焉主人曰吁子所謂
篙中闚駿見前髮後識左暗石以
霞寓燕雀之知度鷟皇之意猶坎
井黿黽之思冀蛟龍之謀從下億

天十不中千者也往者盜竊寶璽

霞國殲家元惡大憨猾夏亂華鱗

鯢九嬰封豕長馳剽落天下虔劉

普加億兆庶人天昏札瘥十有一

存離折奔波於是皇矣上帝臨下

有赫鑒觀四方求人之廣乃眷南

顧新野是宅然後光武乘天機運

玉衡建炎旗攬攬搶操篲拂曳長

庚掃彼四野茇虔九區挺斯人於

沉溺復太祖之弘基至于永平明

光上下來遠以文崇德偃武經始

靈臺路寢在後躬化正李孝友三

五建初郁郁增脩前緒斑固司籍

賈逵述古崔駰頌征博毅巡狩文

章煥爛粲然可觀自時厥後以續

祖丕業載德不喬神符文獻之

士設於衆寶三九之輔必乎儒雅
茂才尤異鄉舉之徒實署經行課
試圖書不論蒐狩不講獺苗為日
久矣故有言壤苴孫吳之法宋程
李牧之守者謂之末技睃工不容
於州府有論成荊益責之斷不厝
狼瞫之悰毅者謂之戇越訹攦弃
於鄉部是以託病辭干戈避扞寧

者以增名益高前時議所與見危
內顧臨難奔北者謂之明招全身
雅福利於後故魑魅陸梁于梁
幷夔虛鬼蜮沸于徐楊隅郡蛛
蟊蠹動於臺荊王師戮敗績困億
為克征方今聖朝遠度深惟圖難
為大必於細微存不忘亡安不忘
危不教人載孔子所識故以農部

此殘篇共四十八行，每行十三字，其中第一行首字殘損，另第二十九行「郁」字下有重文符號。

下面就是我們讀殘篇的意見，主要是解釋其中的幾個聯綿詞，敬請讀者正謬。

1. 窊窳汙閡

「窊窳汙閡」，諸家無說。檢馬融《長笛賦》有「嶊嵬頹报」語，李善注：「嶊嵬，聲下貌。」「嶊」字，他本並作「窊」，當從之。〔註6〕案《集韻》：「嵬，窊嵬，聲下貌。」其字亦作「窊」。又《長笛賦》云「運裛窊洿，岡連嶺屬」，李善注：「運裛，迴旋相纏也。窊洿，卑下也。」〔註7〕窊，於孤切，洿，音按。」〔註8〕

則殘篇之「窊窳汙閡」，其音義與《長笛賦》之「窊嵬」「窊洿」相同，皆卑下之義。

2. 潁寥曠蕩

「潁寥」，諸家無說。案《高唐賦》有「俯視崝嶸，窒寥窈冥」語，李善注：「窒寥，空深貌。窒，苦交切。」「窒」，王念孫據李善音「苦交切」，認為：

> 字本作「窲」，從穴羔聲，「窲寥」疊韻字也。《集韻》：「窲，邱交切（邱交與苦交同音），窲寥，空寂。」是其明證矣。〔註9〕

王說甚是。我們認為殘篇之「潁寥」即《高唐賦》之「窒〈窲〉寥」，「潁」、「窒〈窲〉」並從「羔」得聲，例可相通。「潁寥」乃空寂之貌，故得與「曠蕩」連文。

3. 唐茫儻莽

蔣曉光認為「唐茫」不通，遂疑「唐」為「浩」之誤。案「唐茫儻莽」四字皆為陽部字，為疊韻，則「唐」必非誤字。殘篇以「唐茫儻莽」四字連文，猶《七發》之「寂漻蕭蓼」、《風賦》之「被麗披離」、《子虛賦》之「罷池陂

〔註6〕參劉躍進：《文選舊注輯存》（第六冊），鳳凰出版社，2017年，第3407頁。
〔註7〕引者案：「卑下也」，尤袤本作：「卑曲不平也。」
〔註8〕劉躍進：《文選舊注輯存》（第六冊），第3371頁。
〔註9〕王念孫：《讀書雜志・餘編》「窒寥窈冥」，江蘇古籍出版社，2000年，第1058頁；又參朱起鳳：《辭通》（上冊），長春古籍書店，1982年，第86頁。

陀」、《上林賦》之「巖峞嶬㠾」、「傑池茈虒」，皆為同一構詞形式，即所謂「文重詞複以形容之」〔註10〕耳。

檢《文選·王褒〈洞簫賦〉》云「彌望儻莽，聯延曠盪」，李善注：「儻莽、曠盪，寬廣之貌。」則「唐茫」亦應為廣大之貌。案《漢書·揚雄傳》「平原唐其壇曼兮」，王念孫引《說文》「唐，大言也」及《白虎通義》曰「唐，蕩蕩也。蕩蕩者，道德至大之貌也。」認為「『唐』為廣大之名」，〔註11〕可從。字或作「碭」，《淮南子·本經》「當此之時，玄元至碭而運照」，高誘注云：「碭，大也。盛德之君，恩仁廣大，遍照四海也。」字又作「簜」、「蕩」等。

又《莊子·天下》云「以謬悠之說，荒唐之言，無端崖之辭，時恣縱而不儻，不以觭見之也」，成玄英疏云：「荒唐，廣大也。」是「唐茫」、「荒唐」其語雖有倒正，而其義則相同。

4. 杳冥勿罔

「勿罔」，諸家無說。案王延壽《魯靈光殿賦》云「屹鏗瞑以勿罔，屑黶翳以懿濞」，李善注：「勿罔，不審貌……特出而高，故視之不明，望之不審。」又馬融《廣成頌》云「徒觀其坰場區宇，恢胎曠蕩，藐夐勿罔，寥豁鬱泱，騁望千里，天與地莽」。「勿」與「忽」、「罔」與「怳」音皆相近。《莊子·天地》云：

> 黃帝遊乎赤水之北，登乎崑崙之丘而南望，還歸，遺其玄珠。使知索之而不得，使離朱索之而不得，使喫詬索之而不得也。乃使象罔，象罔得之。

《淮南子·人間》作：

> 故黃帝亡其玄珠，使離珠、攫〔註12〕剟索之，而弗能得之也，於是使忽怳而後得之。

高誘注云：

> 忽怳，黃帝臣也。忽怳，善忘之人。

〔註10〕參王念孫：《讀書雜志·餘編》「寂漻菁蓼」下，江蘇古籍出版社，2000年，第1061頁。

〔註11〕王念孫：《讀書雜志·漢書》，江蘇古籍出版社，2000年，第366頁。

〔註12〕「攫」字依王念孫說。參王念孫：《讀書雜志·淮南子》，江蘇古籍出版社，2000年，第931～932頁。

是「象罔」、「忽悅」應為一人，「象」、「忽」蓋因形近以致異；而「罔」、「悅」則因音近以致異。所以「勿罔」即「忽悅」。亦作「忽荒」、「忽恍」、「忽慌」。〔註13〕其義則為似有似無，模糊不分明。如《老子》云：「是謂無狀之狀，無象之象，是謂忽悅。」賈誼《鵬鳥賦》：「釋智遺形，超然自喪；寥廓忽荒兮，與道翱翔。」劉孝標《辯命論》：「而其道密微，寂寥忽慌，無形可以見，無聲可以聞。」皆是此義。

又作「慌忽」、「慌惚」，如《陳書·高祖紀上》：

惟昔上古，厥初生民，驪連、粟陸之前，容成、大庭之代，並結繩寫鳥，杳冥慌忽，故靡得而詳焉。（《南史·陳本紀上》文同）

《梁書·武帝上》：

惟昔邃古之載，肇有生民，皇雄、大庭之辟，赫胥、尊盧之后，斯並龍圖鳥跡以前，慌忽杳冥之世，固無得而詳焉。（《南史·梁本紀上》作「慌惚」）

案上博簡四《曹沫之陣》簡63下有「鬼神軏武，非所以教民」語，「軏武」，陳劍先生以為「軏」從「勿」得聲，「軏武」當讀為聯綿詞「忽芒」等，簡文「鬼神忽芒，非所以教民」，言鬼神無形無像，其事難以憑據，非所以教民。〔註14〕應該可信。朱起鳳《辭通》又引揚雄《太玄經》「鬼神耗荒，想之無方；無冬無夏，祭之無度」，認為「耗荒」與「忽悅」也是同一語詞的不同書寫形式，顯然也是可從的。或以「軏武」之「軏」當釋為「軫」字，〔註15〕恐不可從。

5. 天昏禮瘥

羅國威《校證》錄殘篇之釋文云「億兆夷人，天昏禮瘥，十有一存，離析奔波」，以後諸家於「天昏禮瘥」一詞皆無說。檢所謂的「天昏禮瘥」，影本作：

〔註13〕參朱起鳳：《辭通》（上冊），長春古籍書店，1982年，第1541頁。

〔註14〕陳劍：《上博竹書〈曹沫之陣〉新編釋文》，收入陳劍《戰國竹書論集》，上海古籍出版社，2013年，第123頁小注4。

〔註15〕詳細的討論，可參王凱博：《出土文獻資料疑義探研》，吉林大學2018年博士學位論文，指導教師：林澐教授，90～92頁。

其中的**夭**字與同篇的「天」作：**天**、**天**，有明顯之差異。**夭**應釋為「夭」，案俗書「夭」字作此形者習見，如：

潘重規《敦煌俗字譜》，石門圖書公司，1978
年，60 頁。

臧克和《漢魏六朝隋唐五代字形表》，南方日
報出版社，2011 年，261 頁。

而**札**亦非「礼（禮）」字，明為「札」字。故所謂的「天昏禮瘥」應改釋作「夭昏札瘥」。案《國語·周語下》云：

> 然則無夭昏札瘥之憂，而無飢寒乏匱之患，故上下能相固，以
> 待不虞，古之聖王唯此之慎。

韋昭注云：

> 短折曰夭。狂惑曰昏。疫死曰札。瘥，病也。

可知殘篇乃攘《周語》以為文。後讀相關文獻，知道吳金華先生早已指出應作「夭昏札瘥」，〔註16〕但吳先生未作過多的字形方面的論述，拙說權作補充。

6. 芟夷九區

殘篇云「掃彼四野，芟夷九區」，案句本諸班固《答賓戲》「方今大漢洒埽群穢，夷險芟荒」。晉灼注曰：「發，開也。」據晉灼注，王念孫認為：

> 正文作「夷險發荒」可知，「發」者「癹」之借字也。「癹」、「發」聲相近（《玉篇》癹，匹蔑、扶蔑二切），故「癹」通作「發」，「癹」亦夷也。《說文》「癹，以足蹋夷艸」，引《春秋傳‧隱六年》曰「癹夷蘊崇之」是也，諸本作「芟」，蓋即「癹」之誤。又案晉灼注《漢書》而訓發為開，則《漢書‧敘傳》亦必作「發荒」，今本《敘傳》作「芟」蓋亦「癹」之誤。〔註17〕

案王說甚辯，段玉裁注《說文》，〔註18〕說與王念孫同。殘篇作**芟**，是「芟」字，現在我們以王、段之說為據，認為殘篇「芟夷九區」應為「芟〈癹〉夷九區」。

7. 隅郤蛛蝥

「隅郤」，蔣曉光疑應作「蝴蜽」。案「郤」字圖版作**郤**，嚴格隸定為「郄」，異體或作「郤」，又作**𨻶**，〔註19〕皆即「郤」字，同「隙」。檢《文館詞林》卷347引崔駰《北征頌》云：

> 豈徒觳（觳／觳）嶇隅隙之間，苟自逸如此而已乎？〔註20〕

〔註16〕 吳金華：《〈文館詞林詞林校證〉八議》，收入吳金華：《古文獻整理與古漢語研究續集》，鳳凰出版社，2007年，第294頁。

〔註17〕 說見王念孫：《讀書雜志‧餘編》「夷險芟荒」下，江蘇古籍出版社，2000年，第1065頁。

〔註18〕 段玉裁：《說文解字注》，上海古籍出版社，1991年，第68頁。

〔註19〕 此字見於《周訓》簡202-203，《北京大學藏西漢竹書‧叁》，上海古籍出版社，2005年，第144頁。

〔註20〕 羅國威：《日藏弘仁本〈文館詞林〉校證》，中華書局，2001年，第118頁；此篇之歸屬參吳金華、崔泰勳：《日藏弘仁本〈文館詞林〉整理研究芻議》，文載《中國學研究》（第八輯），又載吳金華：《古文獻整理與古漢語研究續集》，鳳凰出版社，2007年，第250～251頁。

又《晉書·劉頌傳》:「害法在犯尤,而謹搜微過,何異放兕豹于公路,而禁鼠盜于隅隙。」劉勰《文心雕龍·序志》:「各照隅隙,鮮觀衢路。」皆言「隅隙」,可以比照。

「隅郤(郤/郤—隙)蛛蝥」,與上文之「震(宸)寓(宇)燕雀」、「坎井鼁黽」構詞方式相同,謂角落縫隙的蜘蛛。故無需校改,文自可通。

此外,尚有一處諸家斷句之誤需要糾正。即「方今聖朝遠度,深惟圖難為大,必於細微」這句,檢《後漢書·鄭孔荀列傳第六十》云:

故明德之君,遠度深惟,棄短就長,不苟革其政者也。

又《老子》云「圖難於易,為大於細」,此殘篇顯然本諸《老子》,故當斷句為:

方今聖朝,遠度深惟,圖難為大,必於細微。

又殘篇中如「凶荒殺禮」、「元惡大憝」、「億兆夷人」、「存不忘亡,安不忘危」、「不教人戰」,皆為傳世文獻所習見,檢索即知,此文略諸。

最後,在學者們校勘及考證之基礎上,再根據本文的考論,我們重作釋文如下(通假字以「( )」標識,改正者以「〈 〉」、補入者以「【 】」標識):

□之忠言。既覽斯而淹思兮,復動軨(軫)而南轅。徑造舟之飛梁兮,迄廣成之囿園。徒察夫坰野之窊盧汙閜,顙寥曠蕩。陵夷連延,〔註21〕唐茫儻莽。卷阿曲阜,高原顯敝〔註22〕〈敞〉。遙望

〔註21〕連延,或作聯延,連綿、連續的樣子。《文選·王褒〈洞簫賦〉》:「彌望儻莽,聯延曠盪。」

〔註22〕此字與第14行「蔽」字所從之「敝」字同形,應為「敝」字,在殘篇中為「敞」之誤字。

藐（邈）〔註23〕覼，杳冥𠣐冋（罔）。獸如流川，鳥如浮雲。日未移景，人馬未勤。獲車已實，紆軨（軫）而旋。雖云蒐狩三驅之法，亦有凶荒殺禮之文。諸夏未徧被鴻獎之澤，而獨恵（惠）此封圻之六軍〔註24〕。竊懼聞管籥之音，見【羽】旄之美者，有舉疾首、蹙〔註25〕頞之怨，不皆欣然，𩔰（願）此遊（遊）田。鄙人固陋，亦私惑焉。」

主人曰：「吁！子所謂筩〔註26〕〈筩〉中闚（闚／窺）駮，見前蔽後，識左暗右。以震（宸）寓（宇）燕雀之知（智），度鸞皇之意，猶坎井鼃黽之思，筴（筞—策）蛟龍之謀。從下億天，十不中千者也。往者盜竊寶璽，覆國殲家。元惡大憝，猾夏亂華。鯨鯢九嬰，封豕長馳〈虵／蛇〉〔註27〕，剝落天下，虔劉普加。億兆夷人，

〔註23〕案：藐亦遠也。參宗福邦等：《故訓匯纂》，商務印書館，2003 年，第 1982 頁。重言之則為「藐藐」。如郭璞注《方言》：「藐藐，曠遠貌。」（華學誠：《揚雄方言校釋匯證》，中華書局，2006 年，第 867 頁）。字通作「邈」。字又作「貇〈貌〉」，枚乘《梁王菟園賦》「貇〈貌〉覼相物」，聞一多認為「貇」為「額」之訛，即「貌」字，讀為「邈」，遠也。見聞一多：《璞堂雜業・古文苑》，收入《聞一多全集》卷 10，湖北人民出版社，1994 年，第 489～492 頁。「貌覼猶言遠視」，說見蕭旭：《枚乘〈梁王菟園賦〉校補》，《上古漢語研究》（第 3 輯），商務印書館，2019 年出版，第 90～104 頁）。此殘卷之「藐覼」與《梁王菟園賦》之「貇〈貌〉覼」同。

〔註24〕此云「諸夏未徧被鴻獎之澤，而獨恵（惠）此封圻之六軍」，「未徧被鴻獎之澤」，與《漢書・揚雄傳》「恐貧窮者不徧被洋溢之饒」，句法相似，又《資治通鑑》卷第二百四十三《唐紀》五十九云「鴻恩將布於天下而不行御前，霈澤徧被於昆蟲而獨遺崔發」，句法亦類。

〔註25〕檢影本作**戚**，即「蹙」字，羅國威釋文作「感」，非。

〔註26〕筩，姜維公疑為「筩」字。後來諸家皆從之。檢南朝・宋・劉義慶《世說新語・方正》：「王子敬數歲時，嘗看諸門生樗蒱，見有勝負，因曰：『南風不競』，門生輩輕其小兒，乃曰：『此郎亦管中窺豹，時見一斑。』」「管中窺豹」與殘篇云「筩〈筩〉中闚駮」，其構詞形式及用意相近，則此「筩〈筩〉」與「管」義近。又《詞林》卷 695《魏武帝論吏士行能令》有「論者之言，一似筒窺獸矣」，「筒」字與「筩〈筩〉」同。吳金華先生謂「筒」當依《三國志・魏志・武帝紀》注引《魏書》作「管」。見吳金華：《古寫本〈文館詞林〉文字問題三議》，第 274～275 頁。又吳金華：《〈文館詞林詞林校證〉八議》第 294 頁，恐未必是。

〔註27〕吳金華先生說，根據韻例和語例可定為「虵（蛇）」的誤字，「封豕長蛇」是來自《左傳》的成語。第 256 頁；又吳金華：《〈文館詞林詞林校證〉八議》第 306 頁；又參見王曉平：《日藏弘仁本〈文館詞林〉訛字類釋》，《西華師範大學學報（哲學社會科學版）》2017 年 6 期，第 13 頁。

天昏札瘥（瘥），十有一存，離折〈析〉奔波。扵（於）是皇矣上帝，臨下有赫，鑒（監）觀四方，求人〔註28〕之瘼〈瘼〉。乃眷南顧（顧），新野是宅。然後光武秉（乘）天機，運玉衡，建參旗，攬攙搶（槍），操篲（彗）拂（茀／第／字），曳長庚〔註29〕，掃彼四野，芟〈發〉夷九區，拯斯人扵（於）沉溺，復太祖之弘基，至于永平，眀（明）光上下，来（來）遠以文，崇德偃武，經始靈臺，路寢在後，躬化正本，孝友三五。建初郁＝（郁郁），增脩前緒，斑（班）固司籍，賈逵述古，崔駰頌征，傅毅巡狩，文章煥爛，粲然可觀。自時厥後，以（似）續姚祖，弈（奕）葉載德，不忝神符。〔註30〕文獻之士，設〈謀〉扵（於）眾寡。三九之輔，必乎儒雅。茂才尤異，鄉舉之徒，實署經行，課試圖書。〔註31〕不論蒐狩，不講獮苗，為日久矣。故有言穰苴、孫吳之法，宋翟、李牧之守者，謂之未〔註32〕〈末〉技、賤工，不容扵（於）州府。有論成荊、孟賁之斷，不〔註33〕詹、狼瞫之悍毅者，謂之【燕】彎、越訬，擯棄（棄）扵（於）鄉部。是以託病辝（辭）干戈、避扦禦者，以增名益高【於】前，時議所與；見危（危）內顧（顧）、臨難奔北者，謂之明哲全身，獲福利扵（於）後。故魑魅（魅）魖（魖）【魑】，陸梁乎梁并；夔虛（魖）鬼蜮，滃沸乎徐楊；隅郡（郤／邰—隙）蛛蝥，蠢動扵（於）蠻荊。王師數敗績，困德乃克征。方今聖朝，遠度深惟，圖難為大，必扵（於）細微。存不忘亡，安不忘危。不教人戰，孔子所譏。故以農部

殘篇以言、轅、園為韻（元部平聲）；蕩、莽、敞、罔為韻（陽部上聲）；川、雲、勤、旋、文、軍為韻（川〔註34〕、旋為元部平聲，其餘文部平聲，文元

〔註28〕殘卷作「人」，乃避諱而改。參許雲和：《日藏弘仁本〈文館詞林〉卷次不明之闕題殘篇考辨》，《古籍整理研究學刊》2007 年 5 期。案下文「不教人戰」，「人」亦本作「民」，此亦避諱而改字。參吳金華：《古文獻整理與古漢語研究續集》，第 258 頁。

〔註29〕檢影本作 庚，即「庚」字，羅國威釋文作「庚」，非。

〔註30〕「弈（奕）葉載德，不忝神符」，語本《國語・周語》「奕世載德，不忝前人」，「葉」即「世」的避諱字。

〔註31〕此段標點，參吳金華：《古文獻整理與古漢語研究續集》，第 258 頁。

〔註32〕此字與第 6 行「未」字同形，應為「未」字，在殘篇中為「末」之誤字。

〔註33〕蔣曉光認為，「不詹」當作「叔詹」，人名。「叔」字或在傳抄中僅剩「卡」，與「不」字形近致誤。

〔註34〕「川」漢代屬元部，按照韻例，「川」字亦可不入韻。

合韻）；怨、然、田、焉為韻（田為真部平聲，其餘元部平聲，「怨」，古讀平聲〔註35〕），真元合韻）；後、右為韻（後為魚部上聲、右為之部上聲，魚之合韻〔註36〕）；知（智）、意為韻（「知（智）」為支部去聲、「意」為之部去聲，支之合韻〔註37〕）；思、謀為韻（之部平聲）；天、千為韻（真部平聲）；家、華為韻（魚部平聲）；馳〈虵／蛇〉、加、瘥、波為韻（歌部平聲）；赫、瘼〈瘼〉、宅為韻（鐸部，入聲）；衡、槍、庚為韻（陽部平聲）；區、基為韻（「區」為魚部、「基」為之部，魚之合韻〔註38〕）；下、武、後、五、緒、古、狩、覜、祖、符、寡、雅為韻（「狩」為幽部上聲、其餘魚部上聲（「符」為平聲），幽魚合韻）；徒、書、苗為韻（「苗」為宵部平聲、其餘魚部平聲，魚宵合韻〔註39〕）；府、部、與、後為韻（魚部上聲）；并、楊、荊、征為韻（「楊」為陽部平聲、其餘耕部平聲，耕陽合韻〔註40〕）；惟、微、危、譏為韻（微部平聲〔註41〕）。

附記：

　　蒙友人河南財經政法大學徐浩先生、復旦大學季忠平先生、日本海老根量介先生分別惠賜相關資料，小文乃得以形成，謹此致謝！

2019 年 9 月 24 日初稿

2021 年 10 月 6 日定稿

〔註35〕王力：《古無去聲例證》，收入王力《龍蟲並雕齋文集》（第三冊），中華書局，1982 年，第 107 頁。

〔註36〕可參《易林韻譜》，載羅常培、周祖謨：《漢魏晉南北朝韻部演變研究》，中華書局，2007 年，第 152 頁、第 271 頁。

〔註37〕可參《易林韻譜》，第 281 頁。

〔註38〕可參羅常培、周祖謨：《漢魏晉南北朝韻部演變研究》，第 132 頁；《易林韻譜》，第 271 頁。

〔註39〕可參羅常培、周祖謨：《漢魏晉南北朝韻部演變研究》，第 97 頁、第 149 頁、第 151 頁。

〔註40〕可參《淮南子、易林韻譜》，第 188～189 頁、第 196 頁、第 260 頁、又《易林韻譜》，第 290 頁。

〔註41〕「危」為微部字，參何九盈：《古韻三十部歸字總論》，收入何九盈：《音韻叢稿》，商務印書館，2004 年，第 76 頁。但也有古音學家將「危」字歸為歌部，參王念孫：《讀書雜志》「劉氏危」下，江蘇古籍出版社，2000 年，第 81 頁。各有道理，古音歌部與脂微二部音亦近，參陸志韋：《古音說略》，《陸志韋語言學著作集（一）》，中華書局，1985 年，第 90 頁。銀雀山漢簡《守法守令等十三篇》中有「危」與「悲」為韻之例（見《銀雀山漢墓竹簡・壹》，文物出版社，1985 年，第 132 頁）。

（二）讀馬融《東巡頌》札記〔註42〕

1. 南魄眾亘（宜）

《文館詞林》卷346載後漢馬融《東巡頌》，其中有一段話說：

　　於是師聿〈尹〉惟旅，侯衛常任，選夫稷契龍夔，伊尹仲虺，
祖巳〈己〉方回，闓天散宜，相與升乎朝陽之堂，坐乎清明之廟，
諷乎高光之廊，議乎路寢之朝。考羲黃之墳典，案代鼎之徵劾。驗
璿異之瑋寶，窟（窮）祥應之物數。追蹤二皇，踵跡五帝，蹈騰三
王，婆娑乎八素之域。然後援絕瑞，挈神符，顯游麟，藪駕雛，鈞
河圖，窠洛書。網黃龍，樹嘉苗，猶未足以杭其維而桃其紘也。方
將呼吸精，含吐陰陽，南魄眾亘（宜）牢坔（地）兮，延億羸（載）
之無疆。篤生物於純庬兮，夫孰區萌而不皆臧。〔註43〕

師聿惟
旅

「師聿惟旅」，影弘仁本作 **旅**，案《國語·魯語下》曰：「日中考政，
與百官之政事，師尹維旅，牧相宣序民事」，此即馬融文之所本，「聿」「尹」
形音俱近，故致異。羅國威《日藏弘仁本〈文館詞林〉校證》錄作「師聿惟
旅」，無說。林家驪、鄧成林《日本影弘仁本〈文館詞林〉校注》注云：「師
聿：軍隊急行貌。」〔註44〕不可從。

祖
巳

「祖巳〈己〉」，影弘仁本作 **巳**，羅國威《日藏弘仁本〈文館詞林〉校
證》林家驪、鄧成林《日本影弘仁本〈文館詞林〉校注》皆錄作「祖巳」，無
說。單看字形，此字也有可能是「巳」，但不論是「巳」還是「已」，都應該是

〔註42〕此文首發於復旦大學出土文獻與古文字研究中心網站，http://www.fdgwz.org.
　　　　cn/Web/Show/6825，2021/11/2。

〔註43〕《影弘仁本〈文館詞林〉》，日本東京古典研究會，昭和44年（1969年），第
　　　　100頁；羅國威：《日藏弘仁本〈文館詞林〉校證》，中華書局，2001年，第
　　　　110頁；林家驪、鄧成林：《日本影弘仁本〈文館詞林〉校注》，中國社會科學
　　　　出版社，2021年，第219頁。

〔註44〕林家驪、鄧成林：《日本影弘仁本〈文館詞林〉校注》，中國社會科學出版社，
　　　　2021年，第226頁。

「己」之誤，祖己，人名，就是「孝己」，商武丁之長子，祖庚之兄。

又其中的「南魄眾宜（宜）」，影弘仁本作：

可見確是「南」字，但「南」字於義難通，林家驪、鄧成林《日本影弘仁本
〈文館詞林〉校注》說：

南魄：地名。眾宜：眾人之所得宜也。〔註45〕

以「南魄」為地名，無據。檢《淮南子·本經》有下引文句：

距日冬至四十六日，天含和而未降，地懷氣而未揚，陰陽儲與，
呼吸浸潭，包裹風俗，斟酌萬殊，旁薄眾宜，以相嘔咐醞釀，而成
育群生。

秉太一者，牢籠天地，彈厭山川，含吐陰陽，伸曳四時，紀綱
八極，經緯六合，覆露照導，普汜無私。

兩相比較，可知馬融此文，與《淮南》語多相合。我們知道，馬融曾注過
《淮南子》，〔註46〕對《淮南》一書肯定口誦心惟，故下筆為文，《淮南子》
之成句、詞彙自會流諸筆端。試比較：

馬融《東巡頌》	《淮南子》
經緯八成，變和萬殊	紀綱八極，經緯六合；斟酌萬殊
援絕瑞，挈神符	援絕瑞，席蓏圖〔註47〕
方將呼吸精，含吐陰陽	陰陽儲與，呼吸浸潭；含吐陰陽，伸曳四時

〔註45〕林家驪、鄧成林：《日本影弘仁本〈文館詞林〉校注》，中國社會科學出版社，
2021年，第227頁。

〔註46〕《後漢書·馬融傳》：「（融）注《孝經》《論語》《詩》《易》《三禮》《尚書》
《列女傳》《老子》《淮南子》《離騷》。」

〔註47〕語見《淮南子·覽冥》，高誘注：「殊絕之瑞應援而致之也。羅列圖籍以為席
蓏。一說，羅圖，車上席也。」案「席」，似應讀為「摭（拓）」，參李家浩：
《秦漢簡帛文字詞語雜釋》，收入《著名中年語言學家自選集·李家浩卷》，
安徽教育出版社，2002年，第349頁。

南魄眾宜牢埊（地）兮	旁薄眾宜；牢籠天地
晻藹密（宓）穆	宓穆休于太祖之下〔註48〕

高誘注：

> 旁，並。薄，近也；眾，物。宜，適也。

故「南」字疑是「旁」之誤字。「旁」字或作：

 〔註49〕

與「南」字形近，以致訛誤。

案《莊子‧逍遙遊》云「之人也，之德也，將旁礴万物以為一，世蘄乎亂，孰弊弊焉以天下為事」，陸德明《釋文》引司馬云：「旁礴，猶混同也。」《淮南子‧俶真》有類似語句作：「渾渾蒼蒼，純樸未散；旁薄為一，而萬物大優。」又《漢書‧揚雄傳下》：「今吾子乃抗辭幽說，閎意眇指，獨馳騁於有亡之際，而陶冶大鑪，旁薄群生，歷覽者茲年矣，而殊不寤。」顏師古注：「旁薄，猶言蕩薄也。」《文選‧司馬相如〈封禪文〉》：「旁魄四塞，雲專霧散。」李善注引張揖曰：「旁魄，布衍也。魄音薄。」〔註50〕

2. 發德音之懿誠

「懿」，影弘仁本作 **懿**，〔註51〕明為「懿」字，羅國威（109頁）、林家驪、鄧成林（218頁）並錄作「懇」，非是。懿，《說文》云：「懿，美也。」《詩‧大雅‧崧高》：「寢廟既成，既成藐藐。」毛傳：「藐藐，美貌。」陳奐《毛詩傳疏》：「《說文》作懿，重言之曰懿懿，通作藐藐。」

檢《全唐文》卷四百三十李翰《進張巡中丞傳表》：

> 伏以光天文武大聖孝皇帝陛下聰明文思，睿哲神武，提一旅之眾，復配天之業，賞功哀節，大齎群臣。遂贈揚州，官及其子，此誠陛下發德音之美也。

可與馬融文比照。

〔註48〕語見《淮南子‧覽冥》，高誘注：宓，寧；穆，和；休，息也。

〔註49〕毛遠明：《漢魏六朝碑刻異體字典》，中華書局，2014年，第661頁。

〔註50〕參朱起鳳：《辭通》，上海古籍出版社，1982年，第2542頁。

〔註51〕《影弘仁本〈文館詞林〉》，第98頁。

3. 日吳（昃）不怠

《東巡頌》有下引一段話：

> 播普澤，施氾恩，委介祉，贊鴻勳，犧靈鳥，乘鳳臻，上猶勞
> 謙貳而弗諭也。乃尚乾=（乾乾）自新，日吳（昃）不怠，恢誕宗緒，
> 封崇本基，禮既功成，結軌迴衡。〔註52〕

「恢誕宗緒」，「恢」字影弘仁本作 **炑**，左邊偏旁即「忄」，羅國威（110
頁）錄作「炑」，非是。林家驪、鄧成林（219頁）錄作「恢」，不誤。

「吳」同「昃」，即傾側之義。影弘仁本作 **吳**，羅國威（110 頁）錄作
「異」，非是。林家驪、鄧成林（219頁）則錄作「异」，更是以訛傳訛。檢南
朝宋·簡文帝蕭綱《南郊頌》云：「日昃不倦，撤膳匪躬。」「日昃不倦」與
「日吳（昃）不怠」文義相近。

4. 猑旅厭難

《東巡頌》有下引一段話：

> 於是羽騎操戈，蓬首揚罕〔註53〕，雷輴驚蟄，猑旅厭難，万神
> 保徵，五靈啟殿。〔註54〕

猑 字，羅國威（109頁）、林家驪、鄧成林（218頁）並錄作「猑」，林
家驪、鄧成林注云：「猑：亦作狠，讀音 kěn，誠懇。」（222頁）

案「猑」當為「貔」之誤字。《文館詞林》卷158梁簡文帝《和贈逸人（民）
應詔一首》云：「方叔率止，軍幕洞開。如猑如獸，如霆如雷。」吳金華先生
指出：

> 古寫本的「猑」字，應是「貔」的形訛（《古逸叢書》本作「貔」）。
> 「猑」，《廣韻·上平聲·二十三魂》注作「獸名」，《集韻》則注為
> 「大犬也」，用「大犬」來形容軍隊，古書罕見。而「貔」作為猛獸，
> 往往跟「虎」連文，并用來形容勇猛善戰的軍隊。例如《書·牧誓》：
> 「如虎如貔，如熊如羆。」南朝梁劉孝標《辯命論》：「驅貔虎，奮

〔註52〕《影弘仁本〈文館詞林〉》，第98頁。

〔註53〕案「罕」與「戈」相對，「罕」即旌旗。《文選·張衡〈東京賦〉》：「雲罕九斿，
關戟轇輵。」薛綜注：「雲罕，旌旗之別名也。」可證，此非常見之義，當注。
而林家驪、鄧成林未出注。

〔註54〕《影弘仁本〈文館詞林〉》，第109頁。

尺劍，入紫微，升帝道。」〔註55〕

可從。馬融此文之「猊」亦是「貔」之誤字，與上引之「貔」誤為「猊」類似。

《宋大詔令集》卷第一百《盧政授殿前副都指揮使武泰軍節度使制元豐三年十二月癸未》：「肆擇虎臣，式綏貔旅。」又《燕達授檢校司空加恩制元豐八年哲宗嗣位》：「宜褒序於虎臣，俾總綏於貔旅。」皆以「虎臣」「貔旅」對舉，可證。

又《文館詞林》卷第 347 崔駰《北征頌》〔註56〕有「班威神兮勒武夫，奮猊旅兮滌朔區」，**猊旅**，〔註57〕羅國威（118 頁）、林家驪、鄧成林（243 頁）並錄作「猊旅」而無說，案此「猊旅」亦當作「貔旅」。

又案馬融、崔駰文中之「猊〈貔〉旅」，疑其原文本作「虎旅」，蓋因避諱，故改「虎」為「猊〈貔〉」耳。「虎旅」，虎賁氏與旅賁氏的並稱。兩者均掌王之警衛，後因以「虎旅」為衛士之稱。《文選·張衡〈西京賦〉》：「陳虎旅於飛廉，正壘壁乎上蘭。」李善注：「《周禮》：『虎賁，下大夫；旅賁氏，中士也。』」後又指勇猛的軍隊。如唐李白《餞李副使藏用移軍廣陵序》：「翕振虎旅，赫張王師。」唐李商隱《馬嵬》詩之一：「空聞虎旅鳴宵柝，無復雞人報曉籌。」皆是。

5. 幾個字詞的考釋

《東巡頌》有下引一段話：

> 清夷道而後行兮，曜四國而揚光。展聖義於巡狩兮，喜圻略而詠八荒。指宗獄（嶽）以為期兮，固岱神之所望。六蒼龍之夭蟜兮，蠖驕駭躩倨以蛞卬。盤桓揆鈇乍騰肆兮，整銜慮巒超以噴沫兮，驤**騰**鬱菌宛足未發兮，淩輈**鈇**以宿爽。曳電華而並節兮，神上吸飛泉之滲液兮，實下氣以練精。

〔註55〕 吳金華：《古寫本〈文館詞林〉文字問題三議》，載吳金華：《古文獻整理與古漢語研究續集》，鳳凰出版社，2007 年，第 273 頁。

〔註56〕 此殘篇定名參吳金華、崔泰勛：《日藏弘仁本〈文館詞林〉整理研究芻議》，文載《中國學研究》（第八輯），濟南出版社，2006 年；又收入吳金華：《古文獻整理與古漢語研究續集》，鳳凰出版社，2007 年，第 251 頁。

〔註57〕 《影弘仁本〈文館詞林〉》，第 109 頁。

林家驪、鄧成林（223 頁）注云：

　　蠖：蟲名，北方稱步曲，南方稱造橋蟲。體細長，生長於樹，
　爬行時一屈一伸。種類很多，為害各種植物。騤，讀音 kuí，馬行威
　儀貌。玃，讀音 jué，猿猴類動物。倨：傲慢不馴。砝，讀音 qiè，
　介類動物。卬：向上。

　　案「蠖驕」疑與「蠖略」文義相近。《漢書·司馬相如傳下》：「駕應龍象
輿之蠖略委麗兮，驂赤螭青虬之蚴蟉宛蜒。」顏師古注：「蠖略委麗，蚴蟉宛
蜒，皆其行步進止之貌也。」

　　「騤玃」，同「騤瞿」。《文選·張衡〈西京賦〉》：「百禽㥦遽，騤瞿奔觸。」
薛綜注：「騤瞿，走貌。」又《楚辭·九辯》：「左朱雀之茇茇兮，右蒼龍之躍
躍。」洪興祖補注：「躍躍，行貌。」「玃」「瞿」「躍」並聲近義同。

　　「揆鉞」，未詳。林家驪、鄧成林（223 頁）注云：「鉞，讀音 yuè，古兵
器。」非是。

　　驤**騰**，疑本是「**騰**驤」，而「**騰**」疑是「騰」之俗訛。《文選·張衡〈西
京賦〉》：「負筍業而餘怒，乃奮翅而騰驤。」薛綜注：「騰，超也；驤，馳也。」
《文選·王延壽〈魯靈光殿賦〉》：「虬龍騰驤以蜿蟺，頷若動而躨跜。」劉良
注：「騰，飛；驤，舉也。」

　　「淩輈**慤**以宿爽」，**慤**字，羅國威（109 頁）、林家驪、鄧成林（218 頁）
並錄作「愨」，於字形不合，非是。**慤**疑是從「愀」從「攴（攵）」之字（或
從「忄」從「毅」的俗字），文詞及句意皆未詳，俟考。

　　又「鬱菌宛足未發兮」，其文義疑與《文選·傅毅〈舞賦〉》「或有宛足鬱
怒，盤桓不發，後往先至，遂為逐末」相近。李善注：「宛足，言馬按足緩步。
鬱怒，氣遲留不發。」〔註58〕林家驪、鄧成林（223 頁）注云：「鬱菌：菌類
之茂盛。」非是。

　　綜上，此文疑應作：

　　清夷道而後行兮，曜四國而揚光。展聖義於巡狩兮，喜圻略而
　詠八荒。指宗獄（嶽）以為期兮，固岱神之所望。六蒼龍之夭蟜兮，
　蠖驕騤玃倨以砝卬。盤桓揆鉞乍騰肆兮，整銜慮轡超以**騰**（騰？）
　驤。噴沫鬱菌宛足未發兮，淩輈**慤**以宿爽。曳電華而並節兮，【□
　□□□】神上。吸飛泉之滲液兮，實下氣以練精。

〔註58〕劉躍進《文選舊注輯存》，鳳凰出版社，2017 年，第 3357 頁。

又《東巡頌》有「飛參旗之髟䍻兮」語,「髟䍻」一詞見於《後漢書‧馬融傳》之《廣成頌》,其文為「羽毛紛其髟䍻」,李賢注:「髟䍻,羽旄飛揚貌。」〔註59〕段玉裁《說文解字注》謂「髟䍻」,為「旚繇」之假借字。〔註60〕而林家驪、鄧成林(222頁)注乃云:

> 髟,讀音 biāo,毛發(引者案:當作髮)下垂的樣(引者案:當作樣)子。䍻:䍻科動物部分種類的統稱。

非是。

附帶一提,以馬融《東巡頌》這篇為例,林家驪、鄧成林《日本影弘仁本〈文館詞林〉校注》有沿羅國威之誤而未改者,如羅國威(109頁)、林家驪、

鄧成林(218頁)並錄作「演道舊眖」,我們看影弘仁本作,〔註61〕「舊」明為「蕡」字;而羅國威本不誤者,在林家驪、鄧成林《日本影弘仁本〈文館詞林〉校注》一書中又出現了大量的新的訛誤,如「浚陶廢緒」,林家驪、鄧成林(218頁)誤作「凌陶廢緒」、「泝谷風之穆清」,林家驪、鄧成林(218頁)誤作「涯谷風之穆清」、「上猶勞謙貳而弗諭也」,林家驪、鄧成林(219頁)誤作「上猶勞謙貳而弗論也」、「婆娑乎八素之域」,林家驪、鄧成林(219頁)誤作「婆娑乎八素之域」、「允迪稽古享覲東后驚其中兮」,林家驪、鄧成林(219頁)誤作「允迪稽古享覲東後驚其中兮」等。

再以《影弘仁本〈文館詞林〉》之闕題殘篇為例,〔註62〕經過比對,還是存在同樣的情況。如羅國威(486頁)「封豕長馳」「天昏禮瘥」,林家驪、鄧成林(763頁)皆沿誤未改;又羅國威本不誤者,而林家驪、鄧成林(763頁)出現了大量的誤字,如「潁寮」誤作「頖寮」、「杳冥」誤作「杏冥」、「鳥如浮雲」誤作「烏如浮雲」、「箝中闠駮」誤作「籥中闠駮」、「鯨鯢九嬰」誤作「鯨覩九嬰」、「以續姝祖」誤作「以續姝祖」。

〔註59〕范曄《後漢書》(第七冊),中華書局,1991年,第1961頁。

〔註60〕段玉裁:《說文解字注》,中華書局,2020年,第430頁。

〔註61〕《影弘仁本〈文館詞林〉》,第97頁。

〔註62〕可參抱小:《影弘仁本〈文館詞林〉》之闕題殘篇校理,復旦大學出土文獻與古文字研究中心(fdgwz.org.cn),2021/10/14。

　　我們只是通過對比這兩篇文獻，就已發現林家驪、鄧成林《日本影弘仁本〈文館詞林〉校注》是「後出轉粗」的一個劣本，不僅沒有吸收學者們的已有成果，〔註63〕而且其錄文及注釋的錯誤率之高，令人瞠目結舌。用錯誤百出（此書錯誤千出肯定不止）來形容，都毫不為過。

　　所以我們亟盼有學者能安心作基礎文獻，出一部有價值、有良心的整理本，來取代林家驪、鄧成林的《日本影弘仁本〈文館詞林〉校注》。

（三）說「祏跡汕海表」〔註64〕

　　《文館詞林》卷第 347 有一闕題殘篇，研究者認為即崔駰所作之《竇江軍北征頌》。〔註65〕其中有一段話說：

> 南仲吉（吉）甫猶翼也，翱（翱）翔不過宸宇。遠徂朔（朔）方，近歸自鄗，而詩人歡美，猶載乎經雅。一切收功，無優容之風。餘糧闐壑，餓俘弗矜。孰我將軍，懿略叄（參）無外，祏（拓）跡汕海表。愷悌函甘棠，神武淩尚甫（父）云尓（爾）哉。〔註66〕

〔註63〕如收入吳金華《古文獻整理與古漢語研究續集》的研究《影弘仁本〈文館詞林〉》的幾篇文章，鳳凰出版社，2007 年；季忠平：《日藏弘仁本文館詞林校證》拾遺，《古籍研究》2005 年第 2 期；季忠平：《〈文館詞林〉韻文的校點問題》，《古籍整理研究學刊》2006 年第 4 期；蔣曉光：《日藏馬融〈上林頌〉殘篇校勘及考證》，《文獻》2019 年 5 月第 3 期。這些都是研究《影弘仁本〈文館詞林〉》所應參考的。

〔註64〕此文首發於復旦大學出土文獻與古文字研究中心網站，http://www.fdgwz.org.cn/Web/Show/7872，2022/1/10。

〔註65〕此殘篇定名參吳金華、崔泰勛：《日藏弘仁本〈文館詞林〉整理研究芻議》，文載《中國學研究》（第八輯），濟南出版社，2006 年；又收入吳金華《古文獻整理與古漢語研究續集》，鳳凰出版社，2007 年，第 251 頁。

〔註66〕《影弘仁本〈文館詞林〉》，日本東京古典研究會，昭和 44 年（1969 年），第107 頁。

文中的「祐跡汌海表」之「汌」，是一個不常見的字，羅國威《日藏弘仁本〈文館詞林〉校證》（中華書局，2001 年，第 118 頁）錄文尚不誤，而林家驪、鄧成林《日本影弘仁本〈文館詞林〉校注》（中國社會科學出版社，2021 年，第 242 頁）竟將「汌」改為「澗」，而無說。

案「汌」字僅收錄於字書。《廣韻》音「查鎋切」，訓為：「汌，汌汌，水流也。」（《集韻》：槎轄切，汌，汌汌，水流皃）。然用此義訓來解釋此文，義不可通。

頗疑「祐（拓）跡汌海表」之「汌」本應作「札」，涉下一字「海」而誤加水旁。〔註67〕「汌〈札〉」讀為「截」，《釋名·釋天》：「札，截也。氣傷人如有斷截也。」〔註68〕是其證。此「汌〈札—截〉」為整齊之義。如東漢延光

〔註67〕 此類現象可參王引之：《經義述聞·通說》「上下相因而誤」條下，江蘇古籍出版社，2000 年，第 780～781 頁。

〔註68〕 參王念孫：《漢隸拾遺》，989 頁，收入王念孫《讀書雜志》，江蘇古籍出版社，2000 年。

二年《開母廟石闕銘》有「九域屮其脩治」,「屮」碑文作█〔註69〕。王念孫云:

> 余謂「屮」讀為「九有有截」之「截」(《玉篇》《廣韻》《廣雅音》「屮」字竝音子列切,「屮」「截」聲相近,故字亦相通),謂九域之內截然脩治也。作「屮」者假借字耳。《大雅‧常武篇》「截彼淮浦」,毛傳曰:「截,治也。」《商頌‧長發篇》「海外有截」,鄭箋曰:「截,整齊也。四海之外率服,截爾整齊。」《正義》引王肅云:「截然整齊而治。」下文「九有有截」,箋曰:「九州齊一截然。」皆謂治也。《元(玄)鳥篇》「奄有九有」,《韓詩》作「九域」(見《文選‧冊魏公九錫文》注),則「九有有截」,《韓詩》亦必作「九域」(《魯語》「共工氏之伯九有也」,韋注:「有,域也。」《漢書‧律厤志》引祭典曰「共工氏伯九域」,「域」「有」古同聲而通用,說見《釋詞》)),故曰九域截其脩治,義本《韓詩》也。《晉書‧樂志‧四廂樂歌》曰「九域有截」,是其明證矣。〔註70〕

案《後漢書‧竇憲傳》引班固《封燕然山銘》有「剿凶虐兮截海外」語,〔註71〕新近發現於蒙古國中戈壁省德勒格爾杭愛縣一處漢文摩崖,其文作:夐匈虐釓海外。〔註72〕

其中的「釓」字,碑文作:█,辛德勇先生認為「釓」通「軋」;〔註73〕田振宇先生認為此字或為「釗」,此處作勉勵之義。〔註74〕

最近看到史傑鵬先生有新的觀點,他說:

> 其實「釓」和「截」古音相近,可以通假。「釓」從「乙」聲,是影母質部字,「截」是從母月部字。韻部很近,聲母似乎有區別。但同從「乙」聲的「札」是莊母月部字,這就和「截」的聲母也很

〔註69〕毛遠明:《漢魏六朝碑刻校注》(第一冊),線裝書局,2008 年,第 103 頁。

〔註70〕王念孫《漢隸拾遺》「九域屮其脩治」下,第 987 頁。

〔註71〕范曄:《後漢書》(第三冊),中華書局,第 817 頁。又載於《文選》卷第五十六。

〔註72〕齊木德道爾吉、高建國:《蒙古國〈封燕然山銘〉摩崖調查記》,《文史知識》2017 年第 12 期,第 23～24 頁;又齊木德道爾吉、高建國:《有關〈封燕然山銘〉摩崖的三個問題》,《西北民族研究》,2019 年第 1 期(總第 100 期),109 頁。

〔註73〕辛德勇:《〈燕然山銘〉文本新訂定》,「澎湃新聞」,https://mp.weixin.qq.com/s/T4aZXmjzFVVluYEgsasArw,2020-02-03。

〔註74〕田振宇:《〈燕然山銘〉文本新訂定》之新訂——與辛德勇先生商榷,「澎湃新聞」,https://mp.weixin.qq.com/s/cQ303fXOuxOfcENp22GlyA。

近了。兩字還有通假的例子。《周禮・春官・大宗伯》:「以荒禮哀凶札。」鄭玄注:「札讀為截。」鄭玄和班固都是東漢人,在當時用和「札」同聲符的「釓」來記錄「截」這個字,是很正常的。〔註75〕是非常正確可信的。

現在我們又找到與班固同時代的崔駰所作之《竇江軍北征頌》,其史事及用詞方面皆同,恐非偶然,相信可為史傑鵬先生的說法作一補充證明。

然則「祐(拓)跡泝〈札〉海表」與「夐匈(凶/兇)虐釓海外」、南宋洪适《隸釋》卷七所錄《荊州刺史度尚碑》之「釓彼海外」〔註76〕,以及《開母廟石闕銘》之「九域尖其脩治」,其所表達的文意相近,「泝〈札〉」「釓」「釓」「尖」與「截」並聲近而義同。

又海表即海外。如《書・立政》:「方行天下,至于海表,罔有不服。」《堯典》「光被四表」,偽孔傳注:「故其名聞,充溢四外,至于天地。」《廣雅・釋詁》:「裔、方、外,表也。」王念孫云:

> 裔、方者,文十八年《左傳》「投諸四裔」,四裔猶言四方,四方猶言四表,是裔、方皆表也。〔註77〕

又《小爾雅》:「裔,外也。」〔註78〕可為其證。

檢元・王惲《秋澗集》卷一《中統神武頌》云:

> 皇帝踐阼,粵維三年,萬靈清躇,迺狩於燕,曰寒而寒,曰燠而燠,百度修明,朝廷清肅,東截海表,西亙庸濮,悉臣悉貢,罔不率服。

「東截海表,西亙庸濮」,其遣詞命意,顯然即本班固《封燕然山銘》文(「剿凶虐兮截海外,夐其邈兮亙地界」)。

〔註75〕《外蒙古杭愛山所發現的東漢《燕然山銘》釋文的幾個問題(下)》,公眾號「梁惠王的雲夢之澤」,https://mp.weixin.qq.com/s/dqSJt2MsnDeRmOm35kH42Q,2021-12-30。

〔註76〕(宋)洪适撰:《隸釋》,中華書局,1985年,第85頁。史傑鵬先生懷疑《荊州刺史度尚碑》的「釓」形的「截」,本來也是寫作「釓」的,只是拓本不清晰,洪适摹寫有誤,寫成了從「佳」。從漢魏碑刻文字來看,「金」旁經常寫成「圭」形或者類似形狀。見《外蒙古杭愛山所發現的東漢《燕然山銘》釋文的幾個問題(下)》,公眾號「梁惠王的雲夢之澤」,https://mp.weixin.qq.com/s/dqSJt2MsnDeRmOm35kH42Q,2021-12-30。

〔註77〕王念孫:《廣雅疏證》,中華書局,1983年,第114頁。

〔註78〕參徐復主編:《廣雅詁林》,江蘇古籍出版社,1992年,第299頁。

（四）關於「毫末不札／扎」的一點臆見

小文《說「祏跡沘海表」》於網上刊布後，蒙郭理遠先生指示：

> 燕然山銘的「釓」字及其聲旁，陳劍老師《〈嶽麓簡（伍）〉「朡」字的讀法與相關問題》有論，見 2018 年 10 月「紀念徐中舒先生誕辰 120 周年國際學術研討會」論文集。〔註79〕

在拜讀陳劍先生的論文之後，我們雖同意陳先生論「釓」字及其聲旁的觀點，但對他文中所引古書「毫末不札／扎」的理解頗有不同，現在寫出，以就正於讀者。

陳先生文中說：

> 《孔子家語·觀周》：「焰焰不滅，炎炎若何；涓涓不壅，終為江河；綿綿不絕，或成網羅；毫末不札（本或作「扎」），將尋斧柯。」王肅注謂「札，拔也」，理解其意應該是正確的。此即著名的《金人銘》，類似語古書多見，如《戰國策·魏策一》引《周書》謂「毫毛不拔，將成斧柯」，《說苑·正諫》（枚乘上書諫吳王）：「夫十圍之木，始生於蘗，可引而絕，可擢而拔，據其未生，先其未形也。」皆正用「拔」字。但「札／扎」字此義用例僅此一見，其何以有「拔」義仍難明。按《廣韻·黠韻》「側八切」「札」小韻下謂「札，拔也。出《家語》」（《集韻·黠韻》「側八切」「札」小韻下亦謂「扎，柭〈拔〉也」），而《集韻·黠韻》「乙黠切」「軋」小韻下、《類篇·手部》下，則皆以「扎」為「揠」之或體，引《說文》「拔也」。據此，則《家語》之「札／扎」即「揠苗助長」之「揠」。由此，「札／扎」字所從聲符，又跟「乙」發生了糾葛。

檢寫本《群書治要》卷十引《孔子家語》作：

〔註79〕後來臺灣學者蘇建洲先生也提示我應參考陳劍先生的這篇文章，謹此致謝！

〔註80〕

案《金人銘》作「綿綿不絕，將成網羅，青青不伐，將尋斧柯」，「青青不伐，將尋斧柯」，「此句大意是說草木毫末不加砍伐，任其生長，終將作成斧柯」。〔註81〕與之相類似語句古書多見，可參鄔可晶先生的博士論文。〔註82〕為方便討論，現在援引於下：

《新書·審微》：焰焰弗滅，炎炎奈何？萌芽不伐，且折（制〔註83〕）斧柯。

《逸周書·和寤》：綿綿不絕，蔓蔓若何？豪末不掇，將成斧柯。

《戰國策·魏策一》：綿綿不絕，縵縵奈何？毫毛不拔，將成斧柯。

我認為王肅注「札，拔也」雖可通，但有可能並非原文之文義。〔註84〕

〔註80〕金澤文庫本第9軸第17頁。

〔註81〕鄔可晶：《〈孔子家語〉成書考》，中西書局，2015年，第127頁。

〔註82〕鄔可晶：《〈孔子家語〉成書考》，第126頁。

〔註83〕鄔可晶：《〈孔子家語〉成書考》，第127頁。

〔註84〕又小文《讀馬王堆帛書札記二則》《簡帛》（第二十輯）「拜禍」這條，曾討論「拔除」之「拔」，與「掇（剟）」也是異文的關係。如《詩·召南·甘棠》「勿剪勿拜」，阜陽漢簡《詩經》簡S007相對應的文字作「戔勿捽」，安徽大學藏《詩經》相對應的文字作「勿𢼸勿掇」，黃德寬先生認為「掇」在此詩中當讀「剟」。並引《漢書·王嘉傳》「掇去宋弘」，顏師古注「掇讀曰剟。剟，

頗疑「毫末不札／扎」之「札／扎」就應該讀為「截」（以「札」為「截」，很有可能是漢代人筆下的用字習慣，期待發現更多相關的出土文獻用例）。「截」，斷也。與上句「綿綿不絕」之「絕」相對。《廣雅‧釋詁一》：「絕、截，斷也。」〔註85〕可證。而《說苑》引《金人銘》作「青青不伐」、《新書》作「萌芽不伐」者，《管子‧霸形》「於是伐鍾磬之縣」，尹知章注：「伐謂斫斷也。」〔註86〕至於《逸周書》作「豪末不掇」，王念孫認為「掇」與「剟」通。〔註87〕可見將「毫末不札／扎」之「札／扎」讀為「截」，至少與重見於古書中的相關異文的文義相合。

又據陳先生的文章觀點，我們也可以認為，《逸周書》之「豪末不掇（剟）」與《家語》之「毫末不札／扎」可能是由於古音極近而形成的嚴格對應的異文關係。

（五）讀傅巽《七誨》札記

1. 其母 體杜 散亂 養生

《影弘仁本〈文館詞林〉》卷414收錄的魏‧傅巽《七誨》，其開篇有下引一段話：

> 其母先生，體杜志烈，貴義尚功，晞慕明哲。忿慍末俗，朱紫雜形，是非散亂，雅鄭糅聲。乃捐（捐）緒業，棄（棄）搢紳，慕彭聃（聃），思真人，顝（願）松喬（喬），晞烈（列）仙，藏身巖穴，託體名山，絕聖釋智，舍〈含〉和養生，同欲嬰（嬰）兒，致思玄寘（冥），方有在溺，惜足濡而弗極〈拯〉也，或困塗炭，寶一毛而不營也。〔註88〕

削也，削去其名也」為證，文義允恰，可從。我們認為，《毛詩》作「拜」、阜陽簡《詩經》作「捧」，安大簡《詩經》作「掇」，因音近以致異文。則王肅注「札，拔也」，是「拔除」之「拔」。又《說苑‧正諫》云：「夫十圍之木，始生於蘖，可引而絕，可擢而拔，據其未生，先其未形也。」「可擢而拔」之「拔」亦「拔除」之「拔」，而非後世「拔取」之「拔」。「可擢而拔」與「可引而絕」相對，而文義亦相近。

〔註85〕 王念孫：《廣雅疏證》，中華書局，1983年，第22頁。

〔註86〕 宗福邦等：《故訓匯纂》，商務印書館，2003年，第93頁。

〔註87〕 王念孫：《廣雅疏證‧釋詁三》「剟，削也」下，中華書局，1983年，第84頁。

〔註88〕 《影弘仁本〈文館詞林〉》，日本東京古典研究會，昭和44年（1969年），第129頁；羅國威：《日藏弘仁本〈文館詞林〉校證》，中華書局，2001年，第

七誨八首　魏傅巽

其母先生體杜志烈貴義尚功
是非巖亂雅鄭糅聲乃捐緒業
晞慕明指愆慍末俗朱紫雜形
弃播紳慕彭聯思真人頹松喬
晞烈仙藏身巖宂託體名山絕
聖釋智念和養生同欲嬰兒致
思玄真方有在溺惜之濡而弗
極也或困塗炭寶一毛而不營
也安有公子者先生之舊也闌闐

「其母先生，體杜志烈」，羅國威及林家驪、鄧成林皆作「其母先生體杜志烈」，無說。案「其母」之「母」應讀為「毋」，與「無」音義相近，「其母（毋—無）先生」與下文之「安有公子」皆為擬託的人物，猶司馬相如《子虛賦》之「無是公」、北大漢簡《妄稽》之「妄（無）稽」〔註89〕。

又「其母（毋—無）先生」「安有公子」亦猶張衡《西京賦》之「憑虛公子」「安處先生」，傅巽《七誨》，其語句多本張衡《西京賦》，如下表所示：

傅巽《七誨》	張衡《西京賦》
數眾寡	數課眾寡
礛不隻加	礛不特絓
厥樂只且	其樂只且
整部曲，齊行伍	結部曲，整行伍
眾鳥驚翔，群獸否駭	眾鳥翩翻，群獸駭駭

139 頁；林家驪、鄧成林：《日本影弘仁本〈文館詞林〉校注》，中國社會科學出版社，2021 年，第 275 頁。

〔註89〕 參何晉：《文學史上的奇葩——北京大學藏西漢竹書〈妄稽〉簡介》，《文匯報》，2015 年 12 月 18 日。

「體杜志烈」，「杜」疑應為「壯」之誤字，「體杜〈壯〉」與「志烈」為並列結構。

「是非散亂」，「散」疑應為「殽」之誤字，〔註90〕「是非散〈殽〉亂」，古書又作「是非淆亂」。

「絕聖釋智，含〈含〉和養生」，「生」讀為「性」，《孟子‧盡心上》：「存其心，養其性，所以事天也。」《淮南子‧俶真》：「靜漠恬澹，所以養性。」又古書中「和」與「神」常相對。〔註91〕

檢《影弘仁本〈文館詞林〉》卷156引西晉‧鄭豐《答陸士龍四首》之二云：

> 南山，酬至德也。君子在衡門，修道以養和，棄物以存神。

亦以「和」與「神」相對。

又《影弘仁本〈文館詞林〉》卷160引梁‧蕭洽《侍釋奠會一首》其五云：

> 冬物澄華，寒暉崛契，雲浮鍾虛，風生舞綴，盡性滄和，含靈
> 飲悅，仰沐弘賒，俯慚磬矢。

其以「盡性」「滄和」並列。總之，「含〈含〉和養生（性）」，謂含懷其和氣，涵養其天性。

郭璞《山海經‧圖讚‧帝臺漿》有下引文句：

> 帝臺之水，飲蠲心病。靈府是滌，和沖養性。食可逍遙，濯髮
> 浴泳。

劉思亮案：

> 「和沖」，《藏》本、郝本作「和神」。「和沖」亦作「沖合」，蓋本《老子》「沖氣以為和」。袁宏《後漢紀‧靈帝紀》：「此子神氣沖和，言合規矩，高才妙識，罕見其倫。」沈約《雍雅》之二：「屬厭無爽，沖和在御。」皆淡泊之義。又郭璞《葬書》「陰陽沖合五上四備」下云：「物無陰陽，違天背原，孤陽部生，獨陰不成，二五感化，乃能沖合。」與此「養性」之語並合。〔註92〕

〔註90〕「殽」誤為「散」的例證，可參王念孫：《讀書雜志‧淮南子雜志》「不與物散」下，江蘇古籍出版社，2000年，第770頁。

〔註91〕參蔡偉：《讀〈莊子〉札記七則》，《諸子學刊》（第二十輯），上海古籍出版社，2020年。

〔註92〕劉思亮：《〈山海經‧五藏山經〉校箋》，復旦大學博士學位論文，指導教師：劉釗教授，2019年，第740頁。

案郭璞所云「和沖養性」，疑本應作「沖和養性」，「沖和」「養性」為並列的結構。「沖和」謂虛其和氣。而郭璞《葬書》之「乃能沖合」，「合」亦當作「和」，「乃能沖合〈和〉」與「二五感化」押韻，如作「合」，則失其韻矣。

2. 磻不隻加

傅巽《七誨》云：

> 扵（於）是昵（昵）友（友）親賓（賓），相與嬉娛，志合情歡，携（攜）手同車。游（游）北渚，鑑清流，袪蕭裳，登舫舟，攘素袂〈袂〉，搴玄芝，翳雲盖（蓋），戴武旗，彎華弓，繳雙鳬，投脩竿，釣潜（潛）魚，弧張必獲，餌下不徒，磻（磻）不隻加，綸不特釣〈鈞─鉤〉，飛禽弥〈殄〉殪，鱗族無餘，窮遊極覽，厭樂只且。此天下之異觀也，子其憂（處）乎？先生曰：不能也。

〔註 93〕

其中的「磻不隻加，綸不特釣〈鈞─鉤〉」，「釣」字右側有寫者校改的「鈞（鉤）」字，當從之。因「釣〈鈞─鉤〉」字與上下文押韻，作「釣」則失韻。羅國威（140 頁）錄作「磻不侯加，綸不特釣」，林家驪、鄧成林（276 頁）所錄相同，唯「侯」又誤作「候」。

〔註 93〕《影弘仁本〈文館詞林〉》，第 131 頁。

案所謂的「侯」字，從文義及字形來看，應釋為「隻」。我們知道，古書中多有從「隹」從「侯」相誤之例，〔註94〕現在我們也來舉一例。應劭《風俗通義》佚文（見《太平御覽》卷750所引）：

夫數，一為特、侯、奇、隻，二為再、偶、兩、雙。三為參，四為乘。

（日本宮內廳藏宋本《太平御覽》）〔註95〕

對於「侯」字，清代的學者，如盧文弨、嚴可均均已致疑，而現代的學者如王利器、吳樹平皆無說。

我們認為，此「侯」字即「隹（唯）」之誤，《廣雅・釋詁》：「唯、特，獨也。」《風俗通義》之「一為特、侯〈隹—唯〉、奇、隻」，其「一」與「特」

〔註94〕參王念孫：《讀書雜志》「惟告」下、「錐矢」下，江蘇古籍出版社，2000年，第592頁、第899頁。
〔註95〕又見《太平御覽》，中華書局，1995年，第3328頁。王利器：《風俗通義校注》（下冊），中華書局，2010年，第582頁；吳樹平：《風俗通義校釋》，天津人民出版社，1980年，第412頁。

「侯〈隹—唯〉」「奇」「隻」，義皆相近；猶下文之「二為再、偶、兩、雙」，其「二」與「再」「偶」「兩」「雙」，義也相近。

另外，在漢簡中也有本來是「隻」的字，之前學者們多釋為「侯」，即《神烏賦》之「涕泣隻〈雙〉下」，任攀先生說：

「隻（雙）」字作▨，舊多疑釋「侯」，或看作「疾」之訛字。居延舊簡 217.29 號簡「隻」字作▨，兩者除最下兩筆交叉與否略有不同外，寫法基本一致。〔註96〕

所說甚是，由此亦可見「侯」「隻」二字的字形的確相近。

綜上所述，《七誨》的這段文字應作：

投脩竿，釣潛魚，弧張必獲，餌下不徒，礅不隻加，綸不特釣〈鈎〉，飛禽殄殪，鱗族無餘。

「隻加」與「特釣〈鈎〉」相對為文，「隻」「特」義近。案張衡《西京賦》云：

蒲且發，弋高鴻。挂白鵠，聯飛龍。礅不特絓，往必加雙。〔註97〕

「礅不隻加」猶「礅不特絓」，此即為傅巽文之所本。

3. 嬰猛虓

傅巽《七誨》有 嬰猛虓 語〔註98〕，羅國威（141 頁）錄作「嬰猛虓」，林家驪、鄧成林（276 頁）錄作「𡝫猛虓」，皆無說。案「嬰」即「嬰」字的俗寫，本文第一段有「同欲嬰兒」之語，「嬰」字作「嬰」，可證。

「嬰（嬰）猛虓」，「嬰（嬰）」的字義首先可想到《孟子·盡心下》「有眾逐虎，虎負嵎，莫之敢攖」（趙岐注云：「攖，迫也。虎依阨而怒，無敢迫近者

〔註96〕任攀：尹灣漢簡《神烏賦》校釋—復旦大學出土文獻與古文字研究中心（fdgwz.org.cn），2021/4/28。

〔註97〕劉躍進：《文選舊注輯存》（第一冊），鳳凰出版社，2017 年，第 418 頁。〔梁〕蕭統選編，俞紹初、劉群棟、王翠紅點校：《新校訂六家注文選》（第一冊），鄭州大學出版社，2013，第 99 頁。

〔註98〕《影弘仁本〈文館詞林〉》，第 132 頁。

也。」）及《韓非子・說難》云「龍喉下逆鱗，嬰之則殺人」這兩句相關文獻，〔註99〕其中「攖」、「嬰」是「迫近」、「觸犯」之義。用來解釋「嫛（嬰）猛虒」之「嫛（嬰）」，當然是沒有問題的。

但我們認為《七誨》之「嫛（嬰）」也未嘗不可以「引曳」之義釋之。如《莊子・在宥》「汝慎無攖人心」，《釋文》引司馬注云：「攖，引也。」「嫛（嬰）」與「攖」同。案北京大學藏漢簡《反淫》簡10-11有下引語句：

> 尋虎狼，摯蜚（飛）鳥，道極狗馬之材，窮射御之巧。此天下
>
> 至浩樂也，夫子弗欲過邪？〔註100〕

我們在一篇小文中，認為簡文的「尋」可讀為「撏引」之「撏」。所言「尋（撏）虎狼」者，謂牽引／拉引／曳引虎狼。〔註101〕案《影弘仁本〈文館詞林〉》卷414又收錄後漢・王粲《七釋》，其中有下引一段話：

> 於是剠（剛）禽狡獸，驚斥（斥）跋庖〈庖〉，突圍貟（負）
>
> 阻，莫能嬰禦。乃使晉馮魯卞，注其鬷怒，徒搏熊豹，袓〈袒〉〔註
>
> 102〕暴芃武，頢（頓）犀搐（掎）象，破膢裂股，當足遏手，摧為
>
> 四五。〔註103〕

「頢（頓）犀搐（掎）象」之「頢（頓）」「搐（掎）」亦為牽引之義。則《七誨》之「嫛（嬰）猛虒」亦謂引曳凶猛的獅子（《說文》：「虒，一曰獅子。」）。

又案，此文云：

> 乃有剠（剛）禽怪（怪）獸，逸材駭鷙，決圍犯罘，不可羈制。
>
> 乃使卞莊（莊）鄭林（叔），肆其武勢，斬狂芃（兕），縱奔獼，挌

〔註99〕 又《後漢書・馬融傳》云：「若夫驚獸駭蟲，倨牙黔口，大匈哨後，緼巡歐紆，負隅依阻，莫敢嬰禦。乃使鄭叔、晉婦之徒，瞬狐刲刺，裸裎袒裼。冒橛柘，槎棘枳，窮浚谷，底幽嶄，暴斥虎，搏狂兕，獄醫熊，扶封狶。」李賢注：「《孟子》曰：『有眾逐虎，虎負隅，莫之敢攖。』攖，迫也。禦，扞也。」

〔註100〕 北京大學出土文獻研究所編：《北京大學藏西漢竹書・肆》，上海古籍出版社，2015年，第123頁。

〔註101〕 參蔡偉：《讀北大漢簡〈反淫〉札記二則》，復旦大學2017「出土文獻與傳世典籍的詮釋」研討會論文；又復旦大學出土文獻與古文字研究中心編：《出土文獻與傳世典籍的詮釋》，中西書局，2019年。

〔註102〕 參吳金華：《古寫本〈文館詞林〉文字問題三議》，收入吳金華《古文獻整理與古漢語研究續集》，鳳凰出版社，2007年，第268頁。

〔註103〕 《影弘仁本〈文館詞林〉》，第118～119頁。

　　猳貚，嬰（嬰）猛虓，提象挈豹，徒搏袓〈袒〉煞〈殺〉〔註104〕，

種（揰／撞）〔註105〕心擣瞀，應權而斃。

　　根據這一段的韻例，「虓」所在的位置應為祭月部字，而「虓」字顯然不入韻，頗疑「虓」是「虓」字之誤。蓋以「虓」代「虎」，一是為了押韻、一是為了避諱，猶上文以「狾」代「狗」。「嬰（嬰）猛虓〈虓／虓〉」，謂引曳兇猛的動物。

　　附帶指出，北大漢簡《蒼頡篇》簡3云：

　　　　嬰但捾援，何竭負戴。

關於「嬰但」一詞，原整理者引《說文》與《漢書·蒯通傳》「嬰城固守」及顏師古注引孟康曰「嬰，以城自繞」，又引李善注《文選》訓「纓，繞也」；又謂「但」可讀「僤」，「僤」與「邅」通，引申為迴轉盤旋。（73頁）

　　周飛先生說：

　　　　首字阜陽簡作被，北大簡、水泉子簡作嬰。北大簡整理者認為
　　　　嬰有纏繞義，但讀作僤，僤通邅，邅有回轉之義　。嬰但義近相連。
　　　　首字如是嬰，則嬰但的理解略顯迂曲。若按阜陽簡作被，則豁然開
　　　　朗。被有穿、覆之義。而《說文》：「但，裼也。」裼《說文》：「袒
　　　　也。」可知但的本義應為袒露。「被但」意義相對。但阜陽簡與北大
　　　　簡為何一為被，一為嬰，還待進一步討論，畢竟兩字聲音遠隔，形
　　　　體有別，從通假、字形等角度不易解釋。〔註106〕

魏宜輝先生認為簡文的「但」字極有可能讀作「繵」，「繵（纏）」與「嬰」的詞義相同，並引前蜀杜光庭《馬師穆尚書土星醮詞》「災危重疊，疾厄嬰纏」為證。〔註107〕

〔註104〕參吳金華：《古寫本〈文館詞林〉文字問題三議》，收入吳金華《古文獻整理
　　　　與古漢語研究續集》，鳳凰出版社，2007年，第268頁。

〔註105〕「種」字羅國威及林家驪、鄧成林皆無說，案「種」字右側寫者校改作：
　　　　種，其所校改的「種」字，疑是「種〈揰〉」。《集韻》：「揰，昌用切，
　　　　推擊也。」

〔註106〕周飛：《〈蒼頡篇〉研讀札記（二）》，清華大學出土文獻研究與保護中心網站，
　　　　2015年12月25日。http://www.ctwx.tsinghua.edu.cn/publish/cetrp/6831/2015/
　　　　20151225094400854944373/20151225094400854944373_.html。

〔註107〕魏宜輝：《讀北大漢簡〈蒼頡篇〉、〈妄稽〉篇札記》，《古典文獻研究》2016
　　　　年第2期，鳳凰出版社，第276頁。

除了北大簡、《水泉子》暫 1 作「嬰」，檢英國國家圖書館藏斯坦因所獲漢文簡牘中的《蒼頡篇》簡 3559 作：

3559
〔註 108〕

是除卻阜陽簡作「被」，其他三種出土本《蒼頡篇》皆作「嬰」字。

我們認為，《蒼頡篇》的「嬰」字也可讀為「攖」，攖，引也。《蒼頡篇》「嬰」下一字之「但」字，疑可讀為「撣」，「但」、「撣」二字古音同為端紐元部，故可相通。《詩·大雅·板》「下民卒癉」，郭店簡《緇衣》簡 7 引作「下民卒担」，可為其證。《說文》：「撣，提持也。」又《廣雅·釋詁四》：「攜、挈、撣，提也。」〔註 109〕

則「嬰但捁援，何（荷）竭（揭）負戴（阜陽簡 C8 作「載」）」，為援引提攜、負荷之義。檢阜陽簡 C21 有「縱舍擣挈。攜控抵扞。拘取弼」（126 頁），二者的排列方式頗相類似。

〔註 108〕汪濤、胡平生、吳芳思：《英國國家圖書館藏斯坦因所獲未刊漢文簡牘》，上海辭書出版社，2007 年，圖版第 111 頁。

〔註 109〕參王念孫：《廣雅疏證》，中華書局，1983 年，第 128 頁。

至於阜陽簡作：

〔註 110〕

　　從殘存的筆畫來看，確為「被」字。「被」，似可讀為「披」。《說文》：「披，從旁持曰披。」又《儀禮·既夕禮》「設披」，鄭玄注：「披，絡柳棺上，貫結于戴，人居旁牽之，以備傾虧。」《釋名·釋喪制》：「兩旁引之曰披。披，擺也。各於一旁引擺之，備傾倚也。」則「嬰」與「被（披）」是因為同義的關係而形成的異文。

〔註 110〕阜陽本簡文拼綴意見，參周飛：《阜陽簡〈蒼頡篇〉綴連與形制蠡測》，清華大學出土文獻研究與保護中心，2015 年 11 月 16 日，http://www.ctwx.tsinghua. edu.cn/publish/cetrp/6843/2015/20151116085358531663373/201511160853585 31663373_.html。

4. 振纖羅以除步

傅巽《七誨》最後一段文字有：

> 公子曰：樂酒今夕，嘉賓惟燕，獻酬既交，酒未及亂。華鐙熾
> 曜，繡帳周寒，乃進名倡，材人殊觀。振纖羅以除步，整長袂以自
> 飾。七（下闕）

案「嘉賓惟燕」，「燕」與「宴」同，安樂的意思。《詩·小雅·頍弁》云「樂
酒今夕，君子維宴」，此即傅巽文之所本。

又「除步」，羅國威及林家驪、鄧成林皆無說。「除步」，應作「徐步」，宋
玉《神女賦》：「動霧縠以徐步兮，拂墀聲之珊珊。」此即傅巽文之所本。

最後，以傅巽《七誨》這篇為例，後出的林家驪、鄧成林《日本影弘仁
本〈文館詞林〉校注》有沿羅國威之誤而未改者，如羅國威（139 頁）、林
家驪、鄧成林（276 頁）並錄作「合享龜鱉」，我們看影弘仁本「龜鱉」作

〔註 111〕，「龜」明為「黿」字；而羅國威本不誤者，在林家驪、鄧
成林《日本影弘仁本〈文館詞林〉校注》一書中又出現了大量的新的訛誤，
如「乃捐緒業」，林家驪、鄧成林（275 頁）誤作「乃捐緒葉」、「慕彭聃」，
林家驪、鄧成林（275 頁）誤作「慕彭聃軸」、「藏身巖穴」，林家驪、鄧成
林（275 頁）誤作「藏身岩穴」、「欒栭相經」，林家驪、鄧成林（275 頁）誤
作「樂栭相經」、「脩閣紆曼」，林家驪、鄧成林（275 頁）誤作「修閣紓曼」、
「每各異形」，林家驪、鄧成林（275 頁）誤作「每各异形」、「此天下之異
觀也」，林家驪、鄧成林（276 頁）誤作「此天下之异觀也」、「秋擁雙服」，
林家驪、鄧成林（276 頁）誤作「秋㧓雙服」、「莫之能異」，林家驪、鄧成

林（276 頁）誤作「莫之能异」、影弘仁本作 〔註 112〕，則本作「鷩」，

〔註 111〕 《影弘仁本〈文館詞林〉》，第 132 頁。
〔註 112〕 《影弘仁本〈文館詞林〉》，第 132 頁。

羅國威（140 頁）徑改作「鷙鳥踶鞲」，而林家驪、鄧成林（276 頁）卻誤作「驚鳥踶鞲」。

另外，學者的正確意見，後出的林家驪、鄧成林《日本影弘仁本〈文館詞林〉校注》一書未加吸收，如吳金華先生指出羅國威（141 頁）作「流血飄鹵，草飛，毛掩雲霓」，當斷句為「流血飄鹵草，飛毛掩雲霓」，其中的「草」疑是「革」之誤。〔註 113〕而林家驪、鄧成林（276 頁）仍從羅國威的標點。又「雙雞合烝，羔膂豚胎」，季忠平先生據押韻指出，「胎」當作「胉」〔註 114〕，正確可從，而林家驪、鄧成林（276 頁）仍作「豚胎」，未出校。

〔註 113〕吳金華：《〈文館詞林詞林校證〉八議》，收入吳金華《古文獻整理與古漢語研究續集》，鳳凰出版社，2007 年，第 313 頁。

〔註 114〕季忠平：《〈文館詞林〉韻文的校點問題》，《古籍整理研究學刊》2006 年第 4 期，第 52 頁。

六、讀書叢札[註1]

1. 狠者類知而非知

《淮南子·氾論》曰：

> 何則？能效其求，而不知其所以取人也。夫物之相類者，世主之所亂惑也，嫌疑肖象者，眾人之所眩耀。故狠者類知而非知，愚者類仁而非仁，戇者類勇而非勇。

高誘注：

> 狠者自用，像有知，非真知。[註2]

《群書治要》引《淮南子》，文句相同，又引許慎注：

> 狠，慢也。[註3]

唐·趙蕤《長短經·知人》有一段話：

> 何則？夫物類者，世之所惑亂也。故曰：狙者類智而非智也，愚者類君子而非君子也，戇者類勇而非勇也。狙，音自舒反，慢也。
> [註4]

顯然本於《淮南子》。據考證，趙蕤引用的《淮南子》是許慎的注本。[註5]「狙，慢也。」也應是許注，這顯然與《治要》所引的許注不合。

後來，我們又發現《荀子》中也有類似的語句。《荀子·大略》說：「藍苴

[註1] 此文發表於《出土文獻與古文字研究》（第三輯），復旦大學出版社，2010年。
[註2] 劉文典：《淮南鴻烈集解》，中華書局，1989年，第451頁。
[註3] 《群書治要》卷四十一，《四部叢刊》初編子部。
[註4] 趙蕤：《長短經》，臺北世界書局，1977年，第9頁。
[註5] 周斌：《〈長短經〉校證與研究》，巴蜀書社，2003年，第659頁。

路作，似知而非。偄弱易奪，似仁而非。悍戾好鬬，似勇而非。」則《淮南》又本於《荀子》。楊倞注：

> 苴，讀為姐，慢也。趙蕤注《長短經·知人篇》曰：「姐者，類智而非智。」或讀為狙，伺也。姐，子野反。〔註6〕

從《長短經》的音切、楊倞注《荀子》所引《長短經》來看，其字是從「且」的，而且從「且」得聲的字多訓為「驕」，與「慢」義正相近。〔註7〕而「狠」字則沒有「慢」的意思。所以我們斷定：今本《淮南子》的「狠者類知而非知」、《群書治要》正文及注文中的「狠」字，都應該是「狙」的誤字。

今按：檢日本鎌倉時代寫本《群書治要》，其正文及注文字實皆作「怚」〔註8〕。

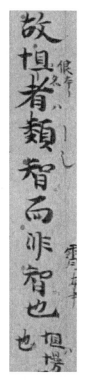

〔註6〕王先謙：《荀子集解》，中華書局，1988年，第514頁。王念孫說：苴、姐並與狙同。狙詐者有似於智，故曰「藍苴路作，似知而非。」（《讀書雜志·漢書·連語》，江蘇古籍出版社，2000年，第408頁）。

〔註7〕王念孫：《廣雅疏證》「怚、慢，傷也」條，中華書局，1983年，第97頁。

〔註8〕日本宮內廳藏鎌倉時代寫本《群書治要》，第38軸，第13頁；《群書治要》（六），日本汲古書院，1989年，第275頁。

與《廣雅》「怚」「慢」皆訓為「傷也」相合，字亦作「嫭」「駔」「姐」〔註9〕。

又蕭旭先生有與拙說相類似的觀點，〔註10〕讀者也可以參看。

2. 綦節

《荀子・議兵》曰：

> 兼是數國者，皆干賞蹈利之兵也，傭徒鬻賣之道也，未有貴上、安制、綦節之理也。〔註11〕

楊倞注：

> 未有愛貴其上，為之致死、安於制度，自不踰越、極於忠義，心不為非之理者也。

案：綦當讀為矜。定州漢墓竹簡《論語・衛靈公》「蓁而不爭」〔註12〕，傳世本作「矜而不爭」〔註13〕。是從其從矜通借之證。

陳劍先生看過此文後，回信說：

> 按「矜」字雖從耕部的「令／命」得聲、又可與耕部的「敬／儆」通，但其中古音「巨巾切」，先秦秦漢古書又常與「鰥」、「瘝」字通，故其上古韻部古音學家一般歸入文部（究其實可能應係由真部轉入文部）。之部字與文部字相通之例前人多有指出，我在小文《甲骨金文舊釋「尤」之字及相關諸字新釋》中曾集中舉例。按「矜」字或體作「𥎊」，而這些例子中涉及「其」聲與「堇」聲的如：《荀子・性惡》「驊騮驥驥纖離綠耳」楊倞注：「驥（文部）讀為騏（之部）。」郭店簡《窮達以時》篇簡10亦以「驥」為「騏」。《禮記・射義》「旄旗稱道不亂」鄭玄注：「旄旗或為旄勤。」《詩經・大雅・行葦》「序賓以賢」毛傳引作「氂勤」。以上所論可見「綦」、「蓁」之通「矜」是可以舉出輾轉相通的同類例證的。

〔註9〕 王念孫：《廣雅疏證》「怚，傷也」條，中華書局，1983年，第97頁。

〔註10〕 蕭旭：《〈荀子・大略〉「藍苴路作」解詁》，收入蕭旭：《羣書校補（續）・8》，臺灣花木蘭文化出版社，2014年，第1965～1970頁。

〔註11〕 王先謙：《荀子集解》，中華書局，1988年，第274頁。

〔註12〕 《定州漢墓竹簡・論語》，文物出版社，1997年，第72頁。蒙郭永秉先生告知，所謂的「蓁」字，很有可能是「𪏑」的誤釋，但由於不能見圖版，只能存疑。

〔註13〕 《十三經注疏・論語》，上海古籍出版社，1997年，第2518頁。

《漢書‧刑法志》:「然皆干賞蹈利之兵，庸徒鬻賣之道耳，未有安制矜節之理也。」〔註14〕即本於《荀子》。字又作「敬」「儆」。

附：

釋「儆節」〔註15〕

《銀雀山漢墓竹簡》1039簡曰:『三曰:卿大夫官吏士民儆節，高其誼。佴〔註16〕其……』〔註17〕0680簡:「士故其吏大夫多不矜節」〔註18〕。

「儆」「矜」古音相近，〔註19〕《書‧呂刑》「哀敬折獄」，《尚書大傳》《孔叢子‧刑論》引「敬」並作「矜」〔註20〕。所以「儆節」無疑就是「矜節」。

根據漢簡，我們可以校正《荀子》中的一個誤字。《荀子‧王霸》曰:「若是，則士大夫莫不敬節死制者矣。」又曰:「士大夫務節死制。」〔註21〕「務」無疑是「矜」的誤字。〔註22〕王引之謂「敬」當作「敄」，與「務」古字通，〔註23〕是不能成立的。

3. 膝炙

《後漢書‧文苑傳》記載趙壹復皇甫規的信，有一段話說:

壹之區區，曷云量己，其嗟可去，謝也可食，誠則頑薄，實識

〔註14〕《漢書》，中華書局，1964年，第1086頁。

〔註15〕本文曾發表在武漢大學簡帛網（2006年12月12日）（http://www.bsm.org.cn/show_article.php?id=483）。

〔註16〕佴，應讀為恥。見裘錫圭:《考古發現的秦漢文字資料對於校讀古籍的重要性》，收入《裘錫圭自選集》，河南教育出版社，1994年，第165頁。

〔註17〕吳九龍:《銀雀山漢簡釋文》，文物出版社，1985年，第50頁。

〔註18〕吳九龍:《銀雀山漢簡釋文》，第70頁。

〔註19〕矜本從令得聲，詳段玉裁:《說文解字注》，上海古籍出版社，1991年，第719頁。

〔註20〕高亨纂著、董治安整理:《古字通假會典》，齊魯書社，1997年，第54頁。

〔註21〕《荀子》，上海古籍出版社，1990年，第70頁。《漢書‧刑法志》曰:「未有安制矜節之理也。」

〔註22〕務、矜形近，古書往往訛溷。說見《讀書雜志‧淮南子雜志》（江蘇古籍出版社，2000年，第934頁）「無以立務於天下」下。賈誼《新書‧階級》（《新書》，上海古籍出版社，1990年，第21頁）:「遇之有禮，故群臣自喜，屬以廉恥，故人務節行。」「務」亦當從《漢書‧賈誼傳》（《漢書》，中華書局，1987年，第2257頁）作「矜」（案劉師培《賈子新書斠補》早已指出:務當從《漢書》作矜，《大戴‧小辯》「矜行以事君」，即此文所本。見《劉申叔遺書》，第992頁）。

〔註23〕王念孫:《讀書雜志》，第687頁。

其趣。但關節痠動，膝灸（塊）〔壞〕潰，請俟它日，乃奉其情。輒
誦來睍，永以自慰。」〔註24〕

其中的「膝灸」一詞，很不好懂。看了《後漢書集解》〔註25〕和中華書局點
校本《後漢書》校勘記，〔註26〕才知道「灸」本來是作「炙」的。

那末「膝炙」是什麼意思呢？

我們先來看《漢書・賈誼傳》「病非徒瘇〔註27〕，又苦蹠戾」〔註28〕這句
話，師古曰：「蹠，古蹠字也。音之石反。足下曰蹠。今所呼腳掌是也。戾，
古戾字，言足蹠反戾，不可行也。」《攷異》曰：「案《說文》無蹠字，小顏讀
為蹠，恐亦臆說。當是跖字之譌。《說文》「跖，脛肉；一曰曲脛。讀若達。」
跖戾謂足脛反戾，不便行動。」〔註29〕王念孫說：

> 《說文》「跖，足下也。」作蹠者借字。《說文》「楚人謂跳躍曰
> 蹠」。作蹠者別體耳。或從石聲或從庶聲或從炙聲一也。（石與炙聲
> 近，石與庶聲亦相近，故盜跖或作盜蹠。庶與炙聲亦相近，故《小
> 雅・楚茨篇》「或燔或炙」與「為豆孔庶」為韻。）《後漢書・郅惲
> 傳》注引《史記》曰：「申包胥晝夜馳驅，足腫蹠戾。」是古有蹠戾
> 之語，即此傳之蹠戾。師古讀蹠為蹠，非臆說也。腳掌反戾故曰蹠
> 戾。《賈子・大都篇》亦作蹠戾。錢以蹠為跖字之譌非也。《說文》
> 以跖為曲脛，《廣雅》曰：「戾，曲也。」是跖戾皆有曲義，上既言
> 跖，則下不得復言戾，《史記》、《漢書》之字固有不見於《說文》者，
> 必別指一字以當之，則鑿矣。〔註30〕

由此我們知道：古書中用來表示腳掌的「跖」字，也作「蹠」，又作「蹠」。

案《呂氏春秋・本味》曰：「肉之美者，猩猩之唇，獾獾之炙。」王念孫
云：「炙讀為雞蹠之蹠。」〔註31〕則「蹠」又可作「炙」。

〔註24〕《後漢書》，中華書局，1991 年，第 2634 頁。
〔註25〕王先謙撰、黃山等校補：《後漢書集解》（第二冊），上海古籍出版社，2006 年，
　　　　第 343 頁。
〔註26〕《後漢書》，中華書局，1991 年，第 2659 頁。
〔註27〕王念孫謂當作「非徒病瘇」，見《讀書雜志》，江蘇古籍出版社，2000 年，第
　　　　300 頁。
〔註28〕《漢書》，中華書局，1987 年，第 2239 頁。
〔註29〕王念孫：《讀書雜志》，江蘇古籍出版社，2000 年，第 300 頁。
〔註30〕王念孫：《讀書雜志》，第 300 頁。
〔註31〕許維遹：《呂氏春秋集釋》，臺北鼎文書局，第 542 頁。

根據上述，我們認為：「膝炙」應該是正確的。「膝炙（跤—蹠）」跟「關節」正相對為文。〔註32〕「炙」「跤」「蹠」「跰」並字異而義同。

4. 千里

《吳越春秋·闔閭內傳第四》曰：

> 王曰：「子何為者？」要離曰：「臣，國東千里之人。臣細小無力，迎風則僵，負風則伏。大王有命，臣敢不盡力？」〔註33〕

《太平御覽》引作：

> 《吳越春秋》曰：「子胥與要離見於吳王，要離對曰：『臣，吳國之東阡陌人，細微無力，迎風則僵，背風則仆。大王有命，臣不敢盡死？』」〔註34〕

「千里」之「里」當為「百」之誤，「千百」即「阡陌」。《三國志·魏書·張範傳》云：「且起一朝之謀，戰阡陌之民，士不素撫，兵不練習，難以成功。」又《全唐文》卷七百八十八李節《餞潭州疏言禪師詣太原求藏經詩序》云：「勇者將奮而思鬥，智者將靜而思謀，則阡陌之人，將紛紛而羣起矣。」文義並相近。

5. 交臂而奮

《越絕書·越絕內傳陳成恒》曰：

> 願一與吳交天下之兵于中原之野，與吳王整襟交臂而奮；吳越之士，繼蹟連死，士民流離，肝腦塗地， 此孤之大願也。〔註35〕

李步嘉《越絕書校釋》：

> 「與吳王整襟交臂而奮」，《吳越春秋》卷五《夫差內傳》作「正身臂而奮吳」，（偉案：此斷句有誤。《吳越春秋·夫差內傳》作「願一與吳交戰於天下平原之野，正身臂而奮；吳越之士，繼踵連死，肝腦塗地者，孤之願也。」〔註36〕）徐天祐註：《越絕》作「整襟交

〔註32〕《戰國策·楚策一》「蹠穿膝暴」，蹠與膝亦連舉。（上海古籍出版社，1995年，第517頁。）
〔註33〕《吳越春秋》卷四，《四部叢刊》初編史部。
〔註34〕《太平御覽》卷三百八十六，《四部叢刊》三編子部，上海書店，1985年，第10冊，第8頁。
〔註35〕《越絕書》卷七，《四部叢刊》初編史部。
〔註36〕《吳越春秋》卷五，《四部叢刊》初編史部。張覺《吳越春秋全譯》（貴州人

臂」。嘉按：徐註引《越絕書》舊聞與今本合。又《呂氏春秋》卷九

《順民》作「孤與吳王接頸交臂而債」。〔註37〕

案：《呂氏春秋・順民》「孤與吳王接頸交臂而債」，高誘注：「債，僵也。」

〔註38〕《越絕書》「整襟交臂而奮」的「奮」當讀為「債」。「奮」「債」古音

極近。《爾雅》：「債，僵也。」郭璞注：「卻偃也。」〔註39〕

6. 思致其福

《呂氏春秋・適威》曰：

務除其災，思致其福。

許維遹說：

《治要》《御覽》引「致」上並無「思」字。〔註40〕

案：《韓非子・解老》云：「務致其福，則事除其禍。」〔註41〕《淮南子・兵

略》有：「今夫天下皆知事治其末，而莫知務脩其本。」〔註42〕與此句法、用

字並相近，「思」當讀為「事」。由此知類書引文，不可盡信。

7. 東過樂浪

《文選・東京賦》曰：

惠風廣被，降洎幽荒。北燮丁零，南諧越裳，西包大秦，東過

樂浪，重舌之人九譯，僉稽首而來王。〔註43〕

案：《淮南子・兵略》有「南卷沅湘，北繞潁泗，西包巴蜀，東裏郯邳〔註44〕」

語，《莊子・說劍》有「包以四夷，裏以四時，繞以渤海，帶以常山」語，與

《東京賦》此文句法、用字並相近，故「過」當讀為「裏」。

8. 處卑細而不憊

《莊子・田子方》有下引文句：

民出版社，1994 年，第 177 頁）、周生春《吳越春秋輯校匯考》（上海古籍出
版社，1997 年，第 75 頁）皆標點作「正身臂而奮吳越之士」，不可從。

〔註37〕 李步嘉：《越絕書校釋》，武漢大學出版社，1992 年，第 185 頁注〔一三一〕。

〔註38〕 許維遹：《呂氏春秋集釋》，臺北鼎文書局，第 358 頁。

〔註39〕 周祖謨：《爾雅校箋》，雲南人民出版社，2004 年，第 32 頁。

〔註40〕 許維遹：《呂氏春秋集釋》，臺北鼎文書局，第 896 頁。

〔註41〕 陳奇猷：《韓非子集釋》，上海人民出版社，1974 年，第 376 頁。

〔註42〕 劉文典：《淮南鴻烈集解》，中華書局，1989 年，第 495 頁。

〔註43〕 《文選》，上海古籍出版社，1986 年，第 126 頁。

〔註44〕 邳，原作淮，依王念孫《讀書雜志》（江蘇古籍出版社，2000 年，第 899 頁）
校改。

　　　　若然者，其神經乎大山而無介，入乎淵泉而不濡，處卑細而不
憊，充滿天地【而不窕】〔註45〕。既以與人，己愈有。」
《淮南子·俶真》曰：「神經於驪山、太行而不能難，入於四海九江而不能濡，
處小隘而不塞，橫扃〔註46〕天地之間而不窕。」可與《莊子》對讀。「憊」，
當讀為「畐」。《說文》：「畐，滿也。」段玉裁注：

　　　　《方言》：「㭊、偪，滿也。凡以器盛而滿謂之㭊（注：言湧出
　　也。）腹滿曰偪（注：言敕偪也。）」按《廣雅》：「㭊、愊，滿也。」
　　本此……《荀卿子》「充盈大宇而不窕，入卻穴而不偪」。《淮南·兵
　　略訓》「入小而不偪，處大而不窕」。凡云不偪者皆謂不塞。《淮南·
　　俶真訓》「處小隘而不塞」、《要略訓》「置之尋常而不塞」、《氾論訓》
　　「內之尋常而不塞」、《齊俗訓》「大則塞而不入，小則窕而不周」，
　　偪與塞義同。〔註47〕

段注甚是。

　　字又作「備」。《荀子·王制》：「塞備天地之間，加施萬物之上。」「塞
備」「加施」皆疊韻字，又皆是複語。韋昭注《楚語上》「四封不備一同」曰：
「備，滿也。」《晏子·內篇問上十一》「嗜欲備於側，毀非滿於國。」桓公
六年《左傳》：「吾牲牷肥腯，粢盛豐備。」「備」，都是滿的意思。加亦施也。
見高誘注《呂覽·當賞》。《論語·衛靈公》「己所不欲，勿施於人」，《尸子·
恕》作「勿加於人」。王引之改「備」為「滿」〔註48〕，非是。孟蓬生《經
籍假借字閒詁》說「備」非訛字，「備」當為「畐」之借字，〔註49〕是正確
的。〔註50〕

　　《賈子·容經》「故聖人者，在小不寶，在大不窕」。洪頤煊《讀書叢錄》

〔註45〕楊樹達謂「疑下有脫字。」見《淮南子證聞》，上海古籍出版社，2006年，第
　　　　30頁。今依《淮南》臆補三字。
〔註46〕高注：「扃，猶閉也。」非是。橫扃即充滿的意思。參王引之《經義述聞·爾
　　　　雅》「枒、頪，充也」下，江蘇古籍出版社，2000年，第636頁。
〔註47〕段玉裁：《說文解字注》，上海古籍出版社，1988年，第230頁。
〔註48〕王念孫：《讀書雜志》，江蘇古籍出版社，2000年，第676頁；蔣禮鴻《義府
　　　　續貂》「塞備」下說，備乃偪字形近之誤，亦非。中華書局，1987年，第180
　　　　頁。
〔註49〕《中國語文》，2006年3期，第246頁。
〔註50〕又參小疋：《小學講座（一）咋樣學習訓詁學》（2006-4-22）http://bbs.guoxue.
　　　　com/viewthread.php?tid=406589&highlight=%2B%D0%A1%F1%E2

卷十六「在小不塞」下說「寶當是塞字之譌。」劉師培說「寶乃窒字之譌。」
〔註51〕皆不可從。「寶」與「畐」「偪」「備」「憊」並聲近而義同。〔註52〕

　　裘錫圭先生看過後指出：《賈子》此條恐不合理，不如說「寶」為「賽（塞）」
的誤字。

9. 雙別乖離

　　《淮南子・泰族》曰：

　　　　關雎興於鳥，而君子美之，為其雌雄之不乖居也。

王念孫指出：

　　　　乖當為乘，字之誤也。（羅願《爾雅翼》引此已誤。）乘者，
　　　　匹也。言雌雄有別，不匹居也。《廣雅》曰：「雙、耦、匹、乘，二
　　　　也。」《月令》：「乃合累牛騰馬。」鄭注曰：「累、騰皆乘匹之名。」
　　　　《家語・好生篇》曰：「關雎興於鳥，而君子美之，取其雌雄之有
　　　　別。」《毛詩傳》亦云：「雎鳩摯而有別。」有別，即此所云不乘
　　　　居也。漢・張超《誚青衣賦》亦曰：「感彼關雎，性不雙侶。」《列
　　　　女傳・仁智傳》曰：「夫雎鳩之鳥，猶未嘗見其乘居而匹處也。」
　　　　（張華《鷦鷯賦》云：「繁滋族類，乘居匹游。」）此尤其明證矣。
　　　　〔註53〕

所言甚是。

　　案《潛夫論・交際》說：

　　　　鴻鵠高飛，雙別乖離，通千達萬，志在陂池。〔註54〕

我們認為：「乖離」的「乖」，也是「乘」的誤字。「乘離」即雙別。汪繼培
《潛夫論箋》引《藝文類聚卅・蘇武報李陵書》云「乖離邈矣，相見未期」
為證，非是。

10. 向屠者而哨

　　《敦煌類書》中的《應機抄》引《桓譚・新論》曰：

　　　　人聞長安樂，則出門西向而笑；人知味甘，則向屠者而哨，何

〔註51〕閻振益、鍾夏：《新書校注》，中華書局，2000年，第244頁注（118）。
〔註52〕《山海經・大荒南經》「登備之山」，《海外西經》作「登葆」（《古字通假會典》
　　　　第440頁），是其例證。
〔註53〕王念孫：《讀書雜志》，江蘇古籍出版社，2000年，第951頁。
〔註54〕彭鐸：《潛夫論箋校正》，中華書局，1997年，第343頁。

所益乎？〔註55〕

《敦煌類書》校箋篇引今本《新論》作「知肉味美，則對屠門而大嚼。」（第726頁），可知「哨」即「嚼」的音近借字。案《釋名·釋言語》：「嚼，削也，稍削也。」〔註56〕是其比。而《敦煌類書》錄文篇卻把「哨」校作「誚」（第300頁）。《英藏敦煌社會歷史文獻釋錄》作「則向屠者而哨（誚）」〔註57〕都不可從。《太平御覽》引《新論》或作「則對屠門而大屑。」〔註58〕

我們認為：「屑」即「哨」的誤字。「哨」讀為「嚼」，與《應機抄》用字相同。〔註59〕

11. 輸公

《韓詩外傳》卷六曰：

> 天下之辯，有三至五勝，而辭置下。辯者，別殊類，使不相害；序異端，使不相悖。輸公通意。揚其所謂。使人預知焉，不務相迷也……

孫詒讓《札迻》指出：

> 此文多譌挩。《史記·平原君傳》裴駰《集解》引劉向《別錄》云：「齊使鄒衍過趙，平原君見公孫龍及其徒綦毋子之屬，論白馬非馬之辯，以問鄒子。鄒子曰：「不可。彼天下之辯有五勝三至，而辭正為下。辯者，別殊類使不相害，序異端使不相亂。抒意通指，明其所謂，使人與知焉，不務相迷也……」蓋即韓太傅所本。兩文詳略可以互校。此云「辭置下」當作「辭正為下」。（置或當為直之誤。）「輸公」，「公」疑當作志。（《鄧析子·無厚篇》云：「諭志通意，非務相乖也。」與此文亦略同。）「輸志通意」即「抒意通指」，文異

〔註55〕 王三慶：《敦煌類書》圖版篇，麗文文化事業股份有限公司，1993年，第1207頁。

〔註56〕 王先謙：《釋名疏證補》，中華書局，2008年，第135頁。

〔註57〕 郝春文、金瀅坤：《英藏敦煌社會歷史文獻釋錄》（第五卷），社會科學文獻出版社，2006年，第442頁。

〔註58〕 《御覽》卷八百六十三，《四部叢刊》三編子部，上海書店，1985年，第十九冊，第五頁。

〔註59〕 顏世鉉說，關東鄙語中「嚼」和「屑」為異文的現象，應是音近相通（見顏世鉉：《從「形訛」和「通假」論古代史料的校讀》，《古文字與古代史》，臺北市：中研院史語所，2007年，第563頁），不可從。

義同。〔註60〕「揚其所謂」，「揚」疑當作「楬」，與「明」義亦略

同……〔註61〕

案：「公」與「志」形音皆不近，無緣致誤。檢《鶡冠子・近迭》云：「其於以喻心達意，揚道之所謂，乃纔居曼之十分一耳。」〔註62〕又《能天》云：「口者，所以抒心誠意，或不能俞受究曉，揚其所謂。」〔註63〕皆可以跟《韓詩外傳》對讀。證明「公」實乃「心」之誤，「揚」也非誤字。〔註64〕

12. 底德

《鹽鐵論・繇役》曰：

　　舜執干戚而有苗服，文王底德而懷四夷。

案：《淮南子・道應》有「文王砥德修政，三年而天下二垂歸之」語，《易林》「大有之渙」、「鼎之姤」並有「砥德礪材，果當成周」這句話。「底德」、「砥德」，顯然是一個詞。郭沫若《鹽鐵論讀本》據王先謙說校改為「宣德」〔註65〕，非是。

13. 斷棄

《尚書・盤庚》曰：

　　我先后綏乃祖乃父，乃祖乃父乃斷棄汝，不救乃死。〔註66〕

《史記・周本紀》引《泰誓》有「乃斷棄其先祖之樂，乃為淫聲，用變亂正聲，怡說婦人」語（《漢書・禮樂志》同）。

　　案：斷棄是古人的複語。「斷亦棄也。」〔註67〕從出土的古文字和傳抄古

〔註60〕偉案：《淮南子・要略》云：「夫道論至深，故多為之辭，以抒其情；萬物至眾，故博為之說，以通其意。」劉文典：《淮南鴻烈集解》，第707頁。「以抒其情」「以通其意」與「抒意通指」文意相近。

〔註61〕孫詒讓：《札迻》，中華書局，2006年，第32頁。

〔註62〕黃懷信：《鶡冠子彙校集注》，中華書局，2004年，第131頁。

〔註63〕黃懷信：《鶡冠子彙校集注》，382頁。

〔註64〕參蕭旭《韓詩外傳補箋》（見《文史》2001年4輯第62頁）引《淮南子・覽冥》「不彰其功，不揚其聲」高注「『彰、揚皆明也』，是不煩改字。」

〔註65〕《郭沫若全集・歷史編》（第八卷），人民出版社，1985年，第603頁；王利器《鹽鐵論校注》（天津古籍出版社，1983年，第533頁，注〔七〕）亦引王先謙曰：「《北堂書鈔・地部》引『底』作『宣』。」未加論斷。

〔註66〕孫星衍：《尚書今古文注疏》，中華書局，2004年，第236頁。

〔註67〕《戰國策・齊策六》「且棄南陽，斷右壤」，鮑彪注：「斷亦棄也。」上海古籍出版社，1995年，第454頁。

文字的資料來看，「斷」字都寫成从「叀」得聲之字，如 、、、、等，〔註68〕又《說文》「譬」重文作「劙」，皆可為證。

案《散氏盤》曰：「（鞭）千罰千，傳棄之！」〔註69〕《左傳·昭公九年》曰：「伯父若裂冠毀冕，拔本塞原，專棄謀主，雖戎狄，其何有余一人。」〔註70〕《馬王堆漢墓帛書·蘇秦自齊獻書于燕王章》曰：「王若欲劙舍臣而榑（專）任所善，臣請歸擇（釋）事。」〔註71〕

我們認為：《散盤》的「傳棄」、《左傳》的「專棄」、馬王堆帛書的「劙舍」，與《盤庚》的「斷棄」，皆古人之複語。傳、專、斷並字異而義同。〔註72〕

又《詩·小雅·谷風》云：

> 習習谷風，維風及雨。將恐將懼，維予與女。將安將樂，女轉棄予。

> 習習谷風，維風及頹。將恐將懼，寘予於懷。將安將樂，棄予如遺。

首章云「女轉棄予」，二章云「棄予如遺」，頗疑「如」本作「女（汝）」，或者「如」即可讀為「女（汝）」。「棄予如遺」即「如（女—汝）遺棄予」之倒，因為要與「頹」「懷」押韻，故倒作「棄予如遺」。《詩》中多見此類倒文協韻之例。如《召南·羔羊》云：

〔註68〕容庚：《金文編》，中華書局，1985年，第926頁；李守奎：《楚文字編》，華東師範大學出版社，2003年，第809頁；徐在國：《傳抄古文字編》，線裝書局，2006年，第1423頁；又《汗簡》《古文四聲韻》引石經古文、戰國楚文字「斷」（如郭店《六德》43、44號簡等）。

〔註69〕《殷周金文集成》16·10176，中華書局，1994年。案「傳棄之」當釋為「傳棄出」，與大河口墓地所出鳥尊形盉銘文云「傳出」相類似，郭永秉先生說。見白軍鵬：《翼城大河口墓地M2002所出鳥形盉銘文解釋》文後的跟帖，復旦大學出土文獻與古文字研究中心網站，http://www.fdgwz.org.cn/Web/Show/1488，2011/5/4；又參黃錦前：《大河口墓地所出鳥尊形盉銘文略考》，武漢大學簡帛網，http://www.bsm.org.cn/?guwenzi/5666.html，2011年5月4日。

〔註70〕楊伯峻：《春秋左傳注》，中華書局，1995年，第1309頁。

〔註71〕《馬王堆漢墓帛書〔叁〕》，文物出版社，1983年，第29頁。

〔註72〕字也作「轉」。《墨子·兼愛下》「然即敢問，今歲有癘疫，萬民多有勤苦凍餒，轉死溝壑中者」，孫詒讓指出，《孟子·公孫丑篇》云「凶年饑歲，子之民，老羸轉于溝壑」，趙岐注云：「轉，轉尸于溝壑也。」《國語·吳語》云「子之父母將轉于溝壑」，韋昭注云：「轉，入也。」《逸周書·大聚篇》云「死無傳尸」，《淮南子·主術訓》作「轉尸」，高誘注云「轉，棄也」。案：高說為允。見孫詒讓：《墨子閒詁》，中華書局，1986年，第110頁。

羔羊之革，素丝五緎。委蛇委蛇，自公退食！

羔羊之縫，素丝五總。委蛇委蛇，退食自公！

《邶風·日月》云：

日居月諸，出自東方。乃如之人兮，德音無良。胡能有定？俾

也可忘。

日居月諸，東方自出。父兮母兮，畜我不卒。胡能有定？報我

不述。

又《大雅·蕩》云：

不明爾德，時無背無側。爾德不明，以無陪無卿。

其中的「退食自公」、「自公退食」；「出自東方」、「東方自出」；「爾德不明」、「不明尔德」，皆因押韻而倒其文，可以為證。

然則詩人云「女（汝）轉棄予」，又云「棄予如遺」，「轉」和「遺」都是「棄」的意思。

（小文寫成於 1999 年，2003 年曾發在國學網上，〔註73〕得到了董珊、陳劍先生的批評指正，今依陳劍先生的意見重加改寫。）

〔註73〕抱小：《說斷棄》，國學網，http://bbs.guoxue.com/viewthread.php?tid=132586&highlight=%2B%B1%A7%D0%A1。

七、讀《說苑校證》

　　向宗魯先生所著之《說苑校證》〔註1〕，是研究《說苑》極重要的參考書，但由於正文及注文訛字問題十分嚴重，已有王鍈先生〔註2〕及伊強先生〔註3〕，指出此書在校勘、標點方面的一些問題，讀者可以參看。

　　我們說它訛字十分嚴重，並非危言聳聽。因為開卷第一頁就出現了一個諸本皆未有的誤字！

〔註1〕向宗魯：《說苑校證》，中華書局1987年第1版，拙文所據為2009年4月第4次印刷本。
〔註2〕王鍈：《〈說苑校證〉校點獻疑》，《書品》2005年第4期，又收入王鍈：《語文叢稿》，中華書局，2006年。
〔註3〕伊強：《〈說苑校證〉札記》，《書品》2007年第3期。

君 道

君 道

晉平公問於師曠楚詞章句：「師曠，聖人，字子野，生無目而善聽，晉主樂太師，」莊子駢拇篇釋文引史紀云：「師曠，冀州南和人，生而無目。」淮南主術篇、文子精誠篇俱云：「師曠瞽而爲太宰。」曰：「人君之道如何？」對曰：「人君之道，清淨無爲，務在博愛，趨在任賢，廣開耳目，以察萬方，不固溺於流俗，盧曰：「太平御覽六百二十『固』作『混』。」承周案：作「混」疑臆改，後漢書朱暉傳注引仍作「固」可證。劉恕通鑑外紀用此文，「固溺」作「奉摯」，亦不足據。不拘繫於左右，廓然遠見，踔然獨立，屢省考績，書益稷：「屢省乃成。」以臨臣下。此

一

即所謂「廓然遠見」，案諸本皆作「廓然」，此獨作「廊然」，爲前所未有，其訛誤顯然。王鍈及伊強兩先生的文章都未加指出。此類之誤，書中尚復不少，用俯拾即是來形容，一點都不過分，如：

第 65 頁《選》注引《尸子》：

> 土積成嶽，則梗枏豫章生焉；

案「枏」當作「枏（楠）」。

第 166 頁「灌之則恐敗其塗」，向云：

> 「敗」，《治要》引作「壞」，「壞」，傷也。

案兩「壞」字皆當作「壞」。

第 397 頁「已自生之」，案「已」當作「己」；其注引《文子・徵明》，案「徵」當作「微」。

第 471 頁轉引孫仲容引《史記・扁鵲傳》「搦髓腦，揲荒爪幕」。

案「斬」當作「爪」。此為孫詒讓《札迻》引用之誤〔註4〕，而向氏沿誤。

第 514 頁引《莊子・天地》「吾非不知，差而不為也」。

案「差」當作「羞」。

第 519 頁引《韓非子》「飲於士鉶」。

案「士」當作「土」。

向宗魯先生作為一位卓越的文獻學家，尤以校勘名世，但他的書需要進行文字上的校勘，這不能不說是一種諷刺與悲哀。

1. 明察幽見

下面我們要討論的是《臣術》這篇所引的一段話：

> 四曰明察幽，見成敗，早防而救之，引而復之，塞其間，絕其
>
> 源，轉禍以為福，使君終以無憂，如此者，智臣也。（35 頁）

向宗魯先生未出校。朱季海先生（《說苑校理》，中華書局，2011 年，第 14 頁）引此文標點作：「明察幽，見成敗。」云：

> 《治要》引「幽」作「極」是也。「幽」即「極」之壞字。

現在我們引用日本金澤文庫藏寫本《群書治要》，因為這個本子是後來諸刻本的祖本，可據以校正各刻本之失。〔註5〕

〔註4〕看孫詒讓：《札迻》，中華書局，2009 年，第 298 頁。

〔註5〕參拙文：《據寫本〈群書治要〉校正刻本之失——以〈新論〉為例》，收入蔡偉《誤字、衍文與用字習慣——出土簡帛古書與傳世古書校勘的幾個專題研究》，臺灣花木蘭文化事業有限公司出版，2019 年 3 月。

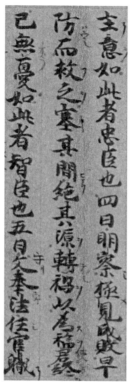

（寫本《群書治要》40 軸／6 頁）

案朱氏之說是矣，但也並不十分準確，同時又沒有給出相應的理據，想來朱氏是心知其意，只是沒有作過多的展開工作，這是頗為遺憾的。

現在不嫌辭費，試為朱氏之說作一補充證明。余謂「幽」乃「亟」之誤字。《史記・龜策列傳》云：「聖能先知亟見，而不能令衛平無言。」賈誼《新書・道術》云：「深知禍福謂之知，反知為愚；亟見窕察謂之慧，反慧為童。」是《說苑》本書作「明察幽〈亟〉見」自可通，不必一定如《治要》作「極見」。且「明察幽〈亟〉見」與上引之「先知亟見」、「亟見窕察」構詞類似，是並列的結構。諸家皆於「幽」字下斷句，非是。

目力所及似只有程翔評注《說苑》於「見」下斷句，以「成敗」下屬為句，他說：

> 明察幽見：洞察一切。其他注本都斷為「明察幽，見成敗，早防而救之」。翔按，「六正」中「曰」字後都為四字句，講究對稱，獨此處三字，不妥。再者，「明察幽」與「見成敗」不協。另考《貞觀政要・擇官》，記為「明察成敗，早防而救之」。〔註6〕

〔註 6〕程翔評注：《說苑》，商務印書館，2018 年，第 64～65 頁。

案程氏的斷句雖有一定的道理，但所釋義則非。而其翻譯的句意則謂：

　　　四是洞察一切，預見失敗並早做防備、進行補救……

以「預見失敗並早做防備、進行補救」解釋「成敗早防而救之」，蓋沿襲王鍈、王天海《說苑全譯》之說〔註7〕。尤其以「成敗」下屬為句則斷不可從。

　　我們知道，「明察幽〈覷〉見」、「先知覷見」、「覷見窕察」這種並列結構的詞組是由兩個意思相近的詞所組成，單獨截取其中的一個詞，其所表達的文意是不受什麼影響的。所以唐人所作《貞觀政要》及《長短經》皆作「明察成敗，早防而救之」，可以為證。《長短經》卷二《臣行第十》作：

　　　明察成敗，早防而救之，塞其間，絕其源，轉禍以為福，君終已無憂，如此者，智臣也。

（《長短經》南宋初年杭州淨戒院
刊本，文物出版社，1993 年）

假如我們將這句寫成「幽〈覷〉見成敗，早防而救之」，應該也是可以的。

〔註7〕王鍈、王天海：《說苑全譯》，貴州人民出版社，1992 年，第 64 頁。

我們認為諸家似皆誤解《龜策列傳》「先知亟見」及《新書・道術》「亟見窔察謂之慧」兩「亟」字之義。如劉如瑛先生謂：「亟，敏銳之意。」並引《說文》「亟，敏疾也」為證。〔註8〕又王叔岷先生引《廣雅》「亟，急也」為證；〔註9〕又參賈誼《新書・道術》各家的注本，在此不一一引用，讀者可自行檢視。

余謂此「亟」與「極」同，應訓為「遠」，如《楚辭・九歌・湘君》：「望涔陽兮極浦，橫大江兮揚靈。」王逸注：「極，遠也。」〔註10〕《韓非子・孤憤》：「智術之士，必遠見而明察。」可為其證。

然則《龜策列傳》之「先知亟見」謂先知遠見；《新書・道術》之「亟見窔察」謂遠見深察；《說苑》之「明察幽〈亟〉見」謂明察遠見。

2. 終以無憂

又「使君終以無憂」，寫本《治要》、南宋本《長短經》皆無「使」字，案「使」字不必有，而文義自可通；而其中「以」字則當依寫本《治要》、南宋本《長短經》作「已」，「終已」是同義複詞。已，亦終止之義。如《戰國策・燕策三・燕太子丹質於秦章》：

> 士皆瞋目，髮盡上指冠。於是荊軻遂就車而去，終已不顧。

《史記》卷86文句略同。「終已不顧」，是說終其極／終了都不曾回頭。又《漢書・司馬遷傳》（中華書局，第九冊，第2726頁）云：

> 是僕終已不得舒憤懣以曉左右，則長逝者魂魄私恨無窮。

又《漢書・禮樂志》（中華書局，第四冊，第1034頁）：

> 夫承千歲之衰周，繼暴秦之餘敝，民漸漬惡俗，貪饕險詖，不閑義理，不示以大化，而獨歐以刑罰，終已不改。故曰：「導之以禮樂，而民和睦。」

又《淮南子・氾論》有下引文句：

> 大夫種輔翼越王句踐，而為之報怨雪恥，擒夫差之身，開地數千里，然而身伏屬鏤而死。〔註11〕

〔註8〕見劉如瑛：《讀〈史記〉札記（下）——兼及中華書局版偶誤》，揚州大學學報（人文社會科學版），2009年第13卷第2期。

〔註9〕王叔岷：《史記斠證》，中華書局，2007年，第3416頁。

〔註10〕又參《故訓匯纂》，商務印書館，2003年，第1124頁第16義項。

〔註11〕張雙棣：《淮南子校釋》（增訂本），北京大學出版社，2013年，第1437頁。

高誘注云：

> 種佐句踐奮計報怨於吳王夫差，獲千里之地，而越王終已疑之，賜其屬鏤以死也。（1441 頁）

是「終已」為漢代習語。

綜上所述，最後我們將《說苑・臣術》的這一段話校訂並標點為：

> 四曰明察幽〈亜／極〉見成敗，早防而救之，引而復之（《治要》、《長短經》皆無此句），塞其間，絕其源，轉禍以為福，使（寫本《治要》、《長短經》皆無「使」字）君終以（已）無憂，如此者，智臣也。

3. 固溺

《說苑・君道》有下引文句：

> 晉平公問於師曠曰：人君之道如何？對曰：人君之道，清靜無為，務在博愛，趨在任賢，廣開耳目，以察萬方，不固溺於流俗，不拘繫於左右，廓然遠見，踔然獨立，屢省考績，以臨臣下，此人君之操也。平公曰：善。

向宗魯云：

> 盧曰：「《太平御覽》六百二十引『固』作『混』。」承周案：作「混」疑臆改，《後漢書・朱暉傳》注引仍作「固」，可證。劉恕《通鑑外紀》用此文，「固溺」作「牽掣」，亦不足據。

又劉文典《說苑斠補》云：「盧文弨〈群書拾補〉校云：『固』，〈太平御覽〉六百二十引作『溷』。」典案：「鮑刻本〈御覽〉作『混』。」〔註12〕

檢宋本《太平御覽》卷第六百二十《治道部一・君》作：

> 《說苑》曰：晉平公問於師曠曰：人君之道奈何？師曠曰：人君清靜無為，務在於博愛，趣在任賢，開耳目以察萬方，不溷溺於俗，不拘繫於左右，廓然遠見，倬然獨立，屢省考績，以臨臣下，此人君之操也。平公曰：善。〔註13〕

案高誘注《淮南子・天文》「困敦之歲」，曰：「困，混；敦，沌也。言陽氣皆混沌萬物牙蘖也。」〔註14〕用的是聲訓。

〔註12〕劉文典：《劉文典全集 3・說苑斠補》，安徽大學出版、雲南大學出版，1999年，第 11 頁。
〔註13〕《太平御覽》（第三冊），中華書局，1985 年，第 2783 頁。
〔註14〕劉文典：《淮南鴻烈集解》，中華書局，1989 年，第 128 頁。

根據「困」「混」音近這一現象，我們認為，宋人編纂《太平御覽》時所見之《說苑》的「固溺」之「固」有可能本來是「困」字，所以在編纂類書時以音近而寫成了「溷」。

檢明・王廷相《慎言》云：

> 弗通於時而泥古，斯困溺於法制者也，迂；謀近小而昧遠圖，
> 斯困溺於功利者也，陋。二者皆暗於道者也，謂之識局。

即以「困溺」二字連文。

4. 九派

《說苑・君道》有下引文句：

> 禹稱民無食，則我不能使也。功成而不利於人，則我不能勸也。
> 故疏河以導之，鑿江通於九派，灑五湖而定東海，民亦勞矣，然而
> 不怨苦者，利歸於民也。

檢寫本《群書治要》作：

> 疏河而道之江鑿通於九落。

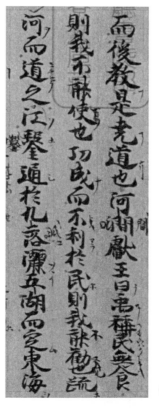

（寫本《群書治要》40 軸／4 頁）

是「九派」之「派」原本作，則與《賈子・修政語上》作「故鬟河而道之九牧，鑿江而道之九路」及《淮南子・要略》作「剔河而道九岐，鑿江而通九路」相合。

5.「嘻」不當改為「噫」

《復恩》云：

> 噫，我豈忘是子哉？（118 頁）

向宗魯云：

> 「噫」舊作「嘻」，據《治要》《御覽》改，《外傳》同。

案《治要》亦作「嘻」，向氏失檢。「噫」「嘻」音義皆近，〔註15〕乃傳寫有異，故此文實不當改。

6. 據睡虎地 77 號漢簡校讀《說苑》一則

《說苑・反質》有下引一段話：

> 晉平公為馳逐之車，龍旌眾色，挂之以犀象，錯之以羽芝。車成，題金千鎰。立之於殿下，令羣臣得觀焉。〔註16〕

文中之「題金千鎰」，敦煌寫本作「題千溢」〔註17〕。臺灣學者盧元駿翻譯為：

> 平公特意在車頂上嵌了千鎰黃金。〔註18〕

王鍈、王天海注云：

> 題金千鎰，立標注明價值千金。題，標幟，用為動詞。〔註19〕

程翔注：

> 題，標注價值。〔註20〕

又《韓非子・外儲說右上》有下引文句：

> 夫馬似鹿者而題之千金。然而有百金之馬而無千金之鹿者，何也？馬為人用而鹿不為人用也。〔註21〕

〔註15〕參劉樂賢：《郭店楚簡雜考（五則）》，收入劉樂賢《戰國秦漢簡帛叢考》，文物出版社，2010 年，第 8 頁。

〔註16〕向宗魯：《說苑校證》，中華書局，2000 年，第 523 頁。

〔註17〕《甘肅藏敦煌文獻》（第二卷），甘肅人民出版社，1999 年，50 頁。

〔註18〕盧元駿：《說苑今注今譯》，臺灣商務印書館，1979 年，第 716 頁。

〔註19〕王鍈、王天海：《說苑全譯》，貴州人民出版社，1992 年，第 891 頁。

〔註20〕程翔評注：《說苑》，商務印書館，2018 年，第 973 頁。

〔註21〕陳奇猷：《韓非子新校注》，上海古籍出版社，2000 年，第 772 頁。

梁啟雄《淺解》引《小爾雅·廣服》:「題,定也。」又南朝·梁·江淹《後讓太傅揚州牧表》云:「何盛勳之足題,詎深烈之可銘乎?」〔註22〕

案睡虎地 77 號西漢墓出土簡牘,簡 101 有「吾先人有良劍,其隄之千」語句,何有祖先生說:

> 《史記·伍子胥列傳》:「乃渡伍胥。伍胥既渡,解其劍曰:『此劍直百金,以與父。』父曰:『楚國之法,得伍胥者賜粟五萬石,爵執圭,豈徒百金劍邪。』」其中「有良劍,其隄之千」對應的文句作「此劍直百金」,簡文「隄」似指價值。直,上古音屬職部章紐,是屬支部禪紐,音近可通。典籍中从寺、是、直之字有通作之例子。(高亨纂著、董治安整理:《古字通假會典》第 404～410 頁,齊魯書社 1989 年。)隄,有讀作直的可能。不過,隄更有可能讀作抵。隄,屬支部端紐,抵屬脂部端紐,音近可通。從典籍通假的例子看,祇通作褆。(《古字通假會典》第 566 頁。)隄,疑當讀作抵,值、相當。其隄之千,即價值千。〔註23〕

說應可信。

我們認為,《反質》「題金千鎰」及《韓非子》「題之千金」之「題」,與漢簡「其隄之千」之「隄」用法相同,都是「抵」「值」的意思。

7. 功校

《尊賢》曰:

> 猶大匠之為宮室也,量小大而知材木矣,比功校而知人數矣。
> 〔註24〕

《呂氏春秋·知度》有類似文句作:

> 猶大匠之為宮室也,量小大而知材木矣,訾功丈而知人數矣。

檢睡虎地秦簡《為吏之道》有下引文句:

> 息子多少,徒隸攻丈。〔註25〕

整理者注:「丈,度量。」

〔註22〕《漢語大詞典》列為「定價;評價」義項。
〔註23〕何有祖:《睡虎地 77 號西漢墓出土簡牘札記》,武漢大學簡帛網,http://www.bsm.org.cn/show_article.php?id=1209,2010 年 1 月 22 日。
〔註24〕向宗魯:《說苑校證》,中華書局,2000 年,第 173 頁。
〔註25〕《睡虎地秦墓竹簡》,文物出版社,1990 年,第 170 頁。

我們認為,《為吏之道》之「攻丈」與《呂覽》「功丈」當為同一語詞的異寫,其文義相同。同時也可證《說苑·尊賢》的「功校」當作「功杖」。而《秦簡牘合集》有這樣的意見:

> 今按:疑當釋為「支」,讀為「技」。功,相應讀為「工」。工技,指有技藝者。《管子·七臣七主》:「夫男不田,女不緇,工技力於無用,而欲土地之毛,倉庫滿實,不可得也。」《論衡·幸偶》:「長數仞之竹,大連抱之木,工技之人裁而用之。」亦指技藝。《莊子·漁父》:「工技不巧,貢職不美。」二義在簡文中似皆可通。〔註26〕

顯然是不能成立的。

8. 達于道

《說苑·辨物》有下引一段話:

> 天老曰:夫鳳,鴻前麟後,蛇頸魚尾,鶴植鴛鴦思,麗化枯折所志,龍文龜身,燕喙雞喙,駢翼而中注。首戴德,頂揭義,背負仁,心信智,食則有質,飲則有儀,往則有文,來則有嘉。晨鳴曰發明,晝鳴曰保長,飛鳴曰上翔,集鳴曰歸昌。翼挾義,衷抱忠,足履正,尾繫武,小聲合金,大聲合鼓,延頸奮翼,五光備舉,光興八風,氣降時雨,此謂鳳像。夫惟鳳為能究萬物,隨天祉,象百狀,達于道,去則有災,見則有福,覽九州,觀八極,備文武,正王國,嚴照四方,仁聖皆伏。〔註27〕

向宗魯引盧文弨校改「于道」作「五音」,而未加斷案。

案盧之校改,既無版本依據,也未作任何的解釋和說明。〔註28〕我們認為,「達于道」不誤。此文以「祉」「道」為韻。如盧改則失其韻矣。

據王引之的研究,古書中「道」字常與之部字押韻。如《淮南子·說林》云:「蒙塵而眯,固其理也;為其不出戶而塈之也。」高誘注曰:「為不出戶而塵塈眯之,非其道。」王引之曰:

〔註26〕《秦簡牘合集》釋文注釋修訂本(壹),武漢大學出版社,2016 年,第 311 頁。

〔註27〕向宗魯:《說苑校證》,中華書局,2000 年,第 455~456 頁;類似的語句也見於《韓詩外傳》,參許維遹:《韓詩外傳集釋》,中華書局,1980 年,第 277~279 頁;屈守元:《韓詩外傳箋疏》,巴蜀書社,2012 年,第 357 頁。

〔註28〕盧文弨:《群書拾補》,收入《盧文弨全集》(第二冊),浙江大學出版社,2017 年,第 489 頁。

如高注，則正文「為其不出戶而堁之」下當有「非其道」三字，而寫者脫之也。道亦理也。「固其理也」「非其道也」，相對為文。為，猶謂也（為字古與謂同義，說見《釋詞》）。蓋出戶而後蒙塵，蒙塵而後眯，若謂不出戶而堁之，則無是理也。今本無「非其道」三字，則文不成義，且與上文不對矣。又道與理為韻（《恆·象傳》「久於其道也」與己、始為韻；《月令》「毋變天之道」與理、紀為韻；《管子·心術篇》「心處其道」與理為韻；《正篇》「臣德咸道」與紀、理、止、子為韻）。若無此三字，則失其韻矣。下文「雖欲養之，非其道」，亦與酒為韻。〔註29〕

王說可從。王氏所舉的《禮記·月令》原文作：

兵戎不起，不可從我始。毋變天之道，毋絕地之理，毋亂人之紀。（《呂覽·孟春》同）

江有誥《群經韻讀》以起、始、道、理、紀為韻，〔註30〕亦同王引之。而龍宇純《先秦散文中的韻文》認為「恐不爾」〔註31〕，表示不相信，非是。

下面我們再補充一些例證。如《說苑·談叢》：

邦君將昌，天遺其道，大夫將昌，天遺之士，庶人將昌，必有良子。〔註32〕

其以道、士、子為韻。

《鶡冠子·度萬》：

天地陰陽，取稽於身，故布五正，以司五明，十變九道，稽從身始。五音六律，稽從身出，五五二十五，以理天下，六六三十六，以為歲式。氣由神生，道由神成。唯聖人能正其音，調其聲，故其德上反太清，下及泰寧，中及萬靈。〔註33〕

其以道、始為韻。〔註34〕

〔註29〕參王念孫：《讀書雜志》，江蘇古籍出版社，2000年，第919頁。
〔註30〕參江有誥：《群經韻讀》，見江有誥：《音學十書》，收入嚴式誨編：《音韻學叢書》（第十冊），國家圖書館出版社，2011年，第481頁。
〔註31〕龍宇純：《先秦散文中的韻文》，收入龍宇純：《絲竹軒小學論集》，中華書局，2009年，第261頁。
〔註32〕向宗魯：《說苑校證》，中華書局，2000年，第386頁。
〔註33〕黃懷信：《鶡冠子匯校集注》，中華書局，2004年，第153頁。
〔註34〕參江有誥：《先秦韻讀》，見江有誥：《音學十書》，收入嚴式誨編：《音韻學叢書》（第十一冊），國家圖書館出版社，2011年，第275～276頁。

《鶡冠子・近迭》：

蒼頡作書，法從甲子。成史李官，蒼頡不道，然非蒼頡，文墨
不起。〔註35〕

其以子、道、起為韻。

《鬼谷子・反應》：

未見形，圓以道之；既見形，方以事之。進退左右，以是司之。
〔註36〕

其以道、事、司為韻。〔註37〕

《孫子・九地》：

是故方馬埋輪，未足恃也；齊勇如一，政之道也；剛柔皆得，
地之理也。

其以恃、道、理為韻。江有誥《先秦韻讀》未列此文。

《管子・心術上》：

上離其道，下失其事。毋代馬走，使盡其力。

案此文當以道、事、力為韻。江有誥《先秦韻讀》以「道」不入韻，〔註38〕
非。

《莊子・天地》：

怊乎若嬰兒之失其母也，儻乎若行而失其道也。

其以母、道為韻。

此外，據王念孫《素問合韻譜》〔註39〕，《素問》一書中亦多見「道」字
與之部字押韻之例。

在出土文獻中，也有「道」字與之部字押韻之例。如銀雀山漢簡《守法
守令等十三篇》之七簡 909-911 有這樣一段話：

少而不事長，胃（謂）之□□；賤而不事貴，胃（謂）之不遂；
貧而不事富，胃（謂）之困道；弱而不事強，胃（謂）之撓（招）

〔註35〕黃懷信：《鶡冠子匯校集注》，中華書局，2004 年，第 131 頁。

〔註36〕許富宏：《鬼谷子集校集注》，中華書局，2008 年，第 39 頁。

〔註37〕參江有誥：《先秦韻讀》，見江有誥：《音學十書》，收入嚴式誨編：《音韻學叢
書》（第十一冊），國家圖書館出版社，2011 年，第 324～325 頁。

〔註38〕參江有誥：《先秦韻讀》，第 46 頁。

〔註39〕轉引自錢超塵：《清儒〈黃帝內經〉古韻研究簡史》，北京科學技術出版社，
2017 年，第 383～385 頁。

央（殃）；小而不事大，胃（謂）之召（招）害；乳（亂）而不事治，
胃（謂）之无時；不可不審也。（143 頁）

其以富、道為韻。

馬王堆帛書《十六經·成法》：

昔者皇天使馮（鳳）下道，一言而止。五帝用之，以杚（扒）
天地，【以】樑（睽）四海，以壞（懷）下民，以正一世之士。夫是
故毚（讒）民皆退，賢人減（咸）**起**（起），五邪乃逃，年（佞）辯
乃止。循名復一，民无**乚**（亂）紀。〔註40〕

其以道、止、海、士、**起**（起）、止、紀為韻。

又馬王堆帛書《論約》：

始於文而卒於武，天地之道也；四時有度，天地之李（理）也；
日月星辰有數，天地之紀也。〔註41〕

其以道、李（理）、紀為韻。

《論約》又曰：

然后（後）參之於天地之恒道，乃定禍福死生存亡興壞之所在。
是故萬舉不失理，論天下無遺策，故能立天子，置三公，而天下化
之，之謂有道。

其以道、在、理、子、道為韻。

漢牘《史篇（二）》第一六云：

同宗總會，羣兄弟子，屬次流啫（緒？），及妻父母，君喪貴臣，
俊游朋友，緦麻三月，溉（既）葬（葬）而止。父位執下，夫服婦
道，女已出嫁，降等一紀，喪事必勉，加厚祭祀，慎毋笑戲，矜莊
為右。〔註42〕

其以子、母、友、止、道、紀、祀、右為韻。

從上引的這些傳世及出土文獻來看，《說苑·辨物》「達于道」之「道」
亦與「祉」押韻，這是毫無疑問的。故盧文弨校改「于道」作「五音」是完全
不能成立的。

〔註40〕裘錫圭主編：《長沙馬王堆漢墓簡帛集成》（第四冊），中華書局，2014 年，第
165 頁。
〔註41〕裘錫圭主編：《長沙馬王堆漢墓簡帛集成》（第四冊），第 146 頁。
〔註42〕劉桓：《新見漢牘〈蒼頡篇〉〈史篇〉校釋》，中華書局，2019 年，第 179 頁。

八、《新序》校字二則

1. 停漸臺

劉向《新序·雜事二》有一則記「無鹽女」的故事，其中有一段話作：

無鹽女對曰：「今大王之君國也，西有衡秦之患，南有彊楚之難〈讎〉，外有三國之難，內聚姦臣，眾人不附，春秋四十，壯男不立，不務眾子而務眾婦，尊所好而忽所恃，一旦山陵崩阤，社稷不定，此一殆也；漸臺五重，黃金白玉，琅玕龍疏，翡翠珠璣，莫落連飾，萬民罷極，此二殆也；賢者伏匿於山林，諂〈諂〉諛彊於左右，邪偽立於本朝，諫者不得通入，此三殆也；酒漿流湎，以夜續朝，女樂俳優，從撗（橫）大笑，外不脩諸侯之禮，內不秉國家之治，此四殆也。故曰：殆哉！殆哉！」於是宣王掩然無聲，意入黃泉，忽然而昂，喟然而嘆曰：「痛乎無鹽君之言，吾今乃一聞寡人之殆寡人之殆幾不全。」於是立停漸臺、罷女樂、退諂〈諂〉諛、去彫琢、選兵馬、實府庫、四闢公門、招進直言，延及側陋，擇吉日，立太子進慈母顯隱女，拜無鹽君為王后，而國大安者，醜女之力也。

殆哉如此者四宣王曰願遂聞命無鹽女對曰今大
王之君國也西有衡秦之患南有彊楚之難外有三
國之難內聚姦臣衆人不附春秋四十壯男不立不
務衆子而務衆婦尊所好而忽所恃一旦山陵崩阤
社稷不定此一殆也漸臺五重黃金白玉琅玕龍疏
翡翠珠璣莫落連飾萬民罷極此二殆也賢者伏匿
於山林謠諫彊於左右邪僞立於本朝諫者不得通
入此三殆也酒漿流湎以夜續朝女樂俳優從橫大
笑外不脩諸侯之禮內不秉國家之治此四殆也故
曰殆哉殆哉於是宣王掩然無聲意入黃泉忽然而
昂喟然而歎曰痛乎無鹽君之言吾今乃一聞寡人

之殆寡人之殆幾不全於是立停漸臺罷女樂退謟
諫去雕琢選兵馬實府庫四關公門招進直言延及
側陋擇吉日立太子進慈母顯隱女拜無鹽君爲王
后而國大安者醜女之力也

〔註1〕

陳茂仁《新序校證》云：

曰：「痛乎無鹽君之言，吾今乃一聞寡人之殆！寡人之殆幾不全。」於是立停漸臺，罷女樂，

武井驥曰：「《治要》不疊『寡人之殆』四字、『全』下有『也』字、『停』作『毀』，《御覽》作『壞』，《蒙求註》作『折』。」

施珂曰：「《治要》停作毀。《列女傳》作拆。」

梁容茂曰：「（立停漸台）《列女傳》：立停，作『折』；《治要》：停，作『毀』。」

蔡信發曰：「《治要》『停』作『毀』，《列女傳》『立停』作『拆』。」

茂仁案：「於是立停漸臺」，四庫《新序》版本有二，二本並作「臺」，不作「台」，梁先生以四庫本爲底本，失檢。《古列女傳》六「立停」作「拆」，梁先生言作「折」，失檢。《群書治要》四二引「停」作「毀」，並通。

〔註2〕

〔註1〕宋本《新序》，中華再造善本唐宋編·子部，北京圖書館出版社，2003年。
〔註2〕陳茂仁：《新序校證》，臺灣花木蘭文化出版社，2007年，第141頁。

蕭旭先生引曹元忠曰：

　　　　《事文類聚・人倫部》引「拆」作「停」，《新序》同。〔註3〕

接著蕭旭先生又羅列了各本的異文：

　　　　折，摹宋本等作「拆」，《御覽》卷382引作「壞」，《治要》卷
　　42引《新序》作「毀」，舊鈔卷子本《碉玉集》卷14《醜人篇第二》
　　引《新序》作「停」。

而未下案斷。的確，很難判別到底誰是誰非。

　　所堪慶幸的是寫本《群書治要》為我們解決這些異文帶來了一線曙光。

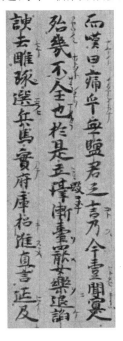

（日本宮內廳藏寫本《群書
治要》第39軸／21頁）

寫本《治要》清清楚楚明明白白地寫作，案即「隔」字，如敦煌寫本
「隔」字作：

　　　　　　　　　　隔隔〔註4〕

可證。

─────────────────

〔註3〕蕭旭：《群書校補（續）──傳世文獻校補（第四冊）》，臺灣花木蘭文化出版
　　　社，2014年，第849～850頁。
〔註4〕黃征：《敦煌俗字典》，上海教育出版社，2005年，第128頁。

　　請大家注意，宋本《新序》及其他引用《新序》的一般都作「停」，雖字與寫本《治要》有別，但從字形上講其實也還算是一脈相承，如寫本《碉玉集》卷14《醜人篇第二》引《新序》作：

又敦煌寫本作：

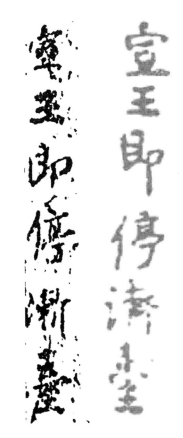

〔註5〕

試比較：

可見二字字形之相近，又如「鬲山」之「鬲」誤作「亭」〔註6〕，可以類比。
而作「拆」、「折」、「毀」、「壞」等則應為後來所改，蓋因抄手或校書者認為
「停」、「隔」二字難以理解，故改字以就文意。

《說文》：「隔，障也。」《新序》所云「於是立停〈隔〉漸臺、罷女樂」，
意思是馬上將漸臺阻隔／阻塞／遮蔽起來，也就是暫時不再使用漸臺了。

〔註5〕王三慶：《敦煌類書・圖版篇》，臺灣麗文公司印行，1989年，第1280、第1285
　　　頁。
〔註6〕參王念孫：《讀書雜志》，江蘇古籍出版社，2000年，第718頁。

2. 彊於左右

又「賢者伏匿於山林，謟〈諂〉諛彊於左右」，檢寫本《治要》作：

（日本宮內廳藏寫本《群書治要》
第 39 軸／20 頁）

「強」下有校者添加的一「進」字，爲後來刻本所承用。檢《太平御覽》作：

（日本宮內廳藏宋本《太平御覽》
第 45 冊，卷 382）

其作「賢者伏匿於山林，諂諛強行於左右」，而敦煌寫本作：

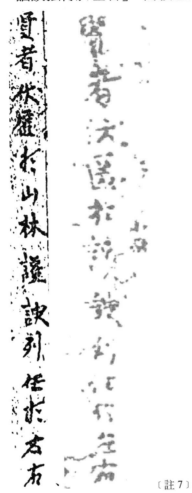

〔註 7〕

《敦煌類書・錄文篇》（第 389 頁）作：

賢者伏匿於山林，讒諛列任於左右。

案寫本《群書治要》引《陰謀》有下列文句：

賢人逃隱於山林，小人任大職，無功而爵，無德而貴，專恣倡

樂，男女昏亂，不恤萬民，違陰陽之氣，忠諫不聽，信用邪佞，此

亡國之君治國也。〔註 8〕

與《新序》文句相近，則「任」字似不誤。

〔註 7〕王三慶：《敦煌類書・圖版篇》，臺灣麗文公司印行，1989 年，第 1280、第 1285
頁。

〔註 8〕《群書治要》（五），汲古書院，第 57 頁。

又《晏子春秋·內篇·問上·景公問古之涖國者任人如何晏子對以人不同能第二十四》有下引文句：

> 故明王之任人，諂諛不邇乎左右，阿黨不治乎本朝；任人之長，
> 不彊其短，任人之工，不彊其拙，此任人之大略也。

《新序》之「諂〈諂〉諛彊於左右」、《治要》作「諂諛強進於左右」、《太平御覽》作：「諂諛強行於左右」，則「彊／強」字似不誤。所以，《新序》此文恐應作：

> 賢者伏匿於山林，諂諛強任於左右。

之前我曾認為「彊／強」應該從敦煌寫本作「列」；而《御覽》的「行」字不誤，敦煌寫本「任」字應該是「行」的誤字。檢宋代潘自牧《記纂淵海》卷47《性行部·奢侈》引《開元遺事》云：

> 楊國忠冬月選婢妾肥大者，列行於前，令遮風謂之肉陣。

「列行於前」與「列行於左右」文意相似。那末「賢者伏匿於山林，諂諛強〈列〉行於左右」，就是賢良者隱匿於山林草莽之中，而諂諛者卻黨駢羅列於王之左右。

總之，不論字句作何，其句意即賈生《弔屈原賦》所歎：

> 鸞鳳伏竄兮，鴟梟翱翔；闒茸尊顯兮，讒諛得志；賢聖逆曳兮，
> 方正倒植。

又東方朔《七諫》云：

> 巧佞在前兮，賢者滅息。

王逸注云：

> 滅，消也。言佞臣巧好其言，順意承旨，旦夕在於君前，而使
> 忠賢之士心懷恐懼，吞聲小語，消滅謇謇之氣，以避禍患也。

《七諫》又云：

> 信直退而毀敗兮，虛偽進而得當。

王逸注云：

> 言信直之臣，被蒙譖毀，而身敗棄。虛偽之人，進用在位，而
> 當顯職也。

賢良正直者與諂諛虛偽者的遭際就這樣形成了鮮明的對照，這可能也是古今所同慨者！

叁、校勘篇

一、利用俗字校勘古書舉例〔註1〕

近一個世紀以來，由於越來越多的古代寫本的發現，許多特出的學者都肆力於此，使得俗字的研究，逐漸成為一種專門的學問。掌握俗字的訛誤演變規律，對校理寫本本身以及一些傳世的古書，無疑地具有十分重要的作用。在這裏，我們就想利用俗字研究的成果，來校正古書中誤字。

1. 踰—蹹／踏、蹋

晉．皇甫謐《高士傳》卷中「公儀潛」條下曰：

> 雖蔬食飲水，伋亦願在下風，如以高官厚祿為釣餌，而無信用之心，公儀子智若魯者可也，不爾，則不踰君之庭。〔註2〕

今按：「踰」當作「蹹」，「踰」、「蹹」形近，故「蹹」字，俗書往往誤作「踰」。〔註3〕又從俞從翕之字亦往往訛混：

> 1. 寫本《群書治要》卷12引《吳越春秋》「愈心財進」（二／207），今本作「翕心而進」。
>
> 2. 寫本《群書治要》卷50引《抱朴子》「在乎呼喻」（七／440），刻本作「在乎呼噏」。
>
> 3.《可洪音義》：「喻，許立反，正作噏。」〔註4〕

〔註1〕此文前七條曾發表於《中國文字學報》（第九輯），商務印書館，2018年。

〔註2〕羅振玉：《高士傳輯本》，收入《羅雪堂合集》（第三十四函），西泠印社，2005年。

〔註3〕古書「蹹」誤作「踰」，例證可參孫詒讓：《札迻》，中華書局，2009年，第226頁；又詳細的討論，可參董志翹：《〈觀世音應驗記三種〉俗字、俗語零札》，《蘇州教育學院學報》，2002年第2期。

〔註4〕韓小荊：《〈可洪音義〉研究——以文字為中心》，巴蜀書社，2009年，第729頁。

《妙法蓮華經釋文》曰：

　　　　踰，徒合反，《廣疋》云：「踰，踐也。」亦作蹋、踏，三形皆
　　同也。〔註5〕

《孔叢子・公儀》有類似的語句作：

　　　　不然，則彼〈伋〉將終身不蹋乎君之庭矣。

《子思子・胡毋豹》作：

　　　　不然，則彼〈伋〉將終身不躡乎君之庭矣。

《高士傳》之「則不踰〈踰〉君之庭」與《孔叢子》之「則彼〈伋〉將終身不蹋乎君之庭矣」及《子思子》之「則彼〈伋〉將終身不躡乎君之庭矣」，用字雖有異，而其文義則相同，「踰〈踰〉」、「蹋」（踰、蹋古音亦近）、「躡」，皆是踐踏之義。

2. 康—秉

　　寫本《群書治要》卷 45 引《昌言・教禁》曰：

　　　　肅禮容，居中正，康道德，履仁義，敬天地，恪宗廟。〔註6〕

刻本《群書治要》與寫本同。「康道德」，孫啟治注：

　　　　樂好道德。《爾雅・釋詁》：「康，樂也。」〔註7〕

今按：「康」，當作「秉」，「康」、「秉」形近，往往訛混。寫本《群書治要》卷 32 引《管子》「有一人康劍而前」（五／131 頁），卷 44 引《桓子新論》「王翁始康國政」（六／434 頁），卷 44 引《潛夫論》「君內康伐賢之斧」（六／473 頁），卷 46 引《中論》「康殺生之權」（七／114 頁），諸「康」字之右側，校者皆改為「秉」字，為刻本《群書治要》所承用，是其例證。又唐鈔《文選》收錄的曹子建《七啟》，其中有「捷忘歸之矢，康繁弱之弓」（二／123 頁），〔註8〕「康」亦為「秉」之俗訛字。又王莽時縣名「秉義」，《水經注》亦誤作「康義」。〔註9〕

　　《書・酒誥》「經德秉哲」，九條本作：

〔註5〕《妙法蓮華經釋文》，收入《古辭書音義集成》（第四卷），日本汲古書院，1979 年，第 105 頁。

〔註6〕《群書治要》（7），日本汲古書院，1991 年，第 51 頁。

〔註7〕孫啟治：《昌言校注》，中華書局，2012 年，第 350 頁。

〔註8〕周勳初纂輯：《唐鈔文選集注匯存》，上海古籍出版社，2011 年。

〔註9〕朱起鳳：《辭通》，長春古籍書店，1982 年，第 1657 頁。

（顧頡剛、顧廷龍《尚書文字合編》
（三），1845 頁）

以上這些都是俗書「秉」作「康」的例證。根據文義，「康〈秉〉道德，履仁義」也正相對為文，而作「康道德」，則義不可通矣。

又《北魏霍揚碑》有「祖樹，憨世靜棲，志█四公」語句，梁春勝先生說：

> 缺字拓本作「█」，各家均錄作「康」，是也。此處「康」當通「賡」，賡續之義。「四公」指秦末漢初隱居商山的東園公、甪里先生、綺里季、夏黃公四人。「志賡四公」，即承四公之志，隱居不仕。〔註10〕

梁先生認為「康」通「賡」，賡續之義。案「康」通「賡」，從通假的規律來看，當然沒有問題。但北魏時期「康」字是否能通「賡」呢？這需要有更多的材料來證明。

我們認為，此「康」字疑為「秉」之俗訛字，碑文云「祖樹，憨世靜棲，志康〈秉〉四公」，謂輕世靜棲，秉商山四皓之志。此與《全唐文》卷八百十二許棠《唐故浙江道五部兵馬大元帥平南節度使銀青光祿大夫檢校尚書令戴公墓志銘（并序）》云：

> 祖諱非，字名章。志秉松筠，跡疏名利。高尚之德，聰明之資。

文義相類似。

又《徐仙真錄》卷四云：

> 總戎幸著於聲威，仗鉞遂平於妖孽。志秉堅貞之節，身全忠孝之名。

〔註10〕梁春勝：《北魏霍揚碑校考》，文載《文物春秋》2018 年第 1 期，此據「漢語史與文獻學微刊」（https://mp.weixin.qq.com/s/Rej7L0rt2E9pkbgK9P7C2A）。

明・沈德符《萬曆野獲編》卷九云：

志秉純忠，正氣垂之萬世；功昭捧日、休光播於百年。

明・龔詡《野古集》卷下《上周文襄公書》云：

若夫諤諤之士，心無憸邪，志秉忠直，其所以尊上者，無非至誠。

皆可以為證。

3. 舒—⿰金矛／矛

《可洪音義》曰：

釪戟，上音牟，正作矛。（卷 11，A954b）

刀釪，莫侯反，槍別名也，正作矛也，或作鉾。（卷 13，A1021a）

釪⿰金戟，上莫求反，下居逆反，正作矛戟。（卷 23，B281a）

韓小荊說：

「釪」當是「⿰金矛」字異寫，「⿰金矛」同「矛」，《玉篇・矛部》謂「⿰金矛」是「矛」的古文。被釋詞目分別出自《十住毘婆沙論》第一卷音義、《梵網六十二見經》音義和《經律異相》第四十四卷音義，今《大正藏》對應經文分別作「矛戟」、「刀矛」、「矛⿰金戟」，「⿰金戟」當是「戟」的增旁俗字。

《龍龕・金部》：「釪，《舊藏》作舒。」該字乃「舒」的俗字，《可洪音義》卷九《大佛頂如來密因修證了義諸菩薩萬行首楞嚴經》第二卷音義：「釪縮，上音書，伸也，正作舒。」可證。「舒」的俗字「釪」與「矛（⿰金矛）」的俗字「釪」同形。《字海》據《龍龕》收錄「釪」字，曰同「舒」，未及「矛（⿰金矛）」字音義。〔註 11〕

由此我們可以推知，《論衡・自紀》說：

牛刀割雞，舒戟采葵，鈇鉞裁箸，盆盎酌卮，大小失宜。

其中的「舒戟」亦當為「舒〈釪〉戟」之誤，「舒〈釪—⿰金矛〉戟」即「矛戟」。《金樓子・立言篇下》有「牛刀割雞，矛戟采葵，甚非謂也」之句，文義字句皆與《論衡》相似，尤為可證。蔣禮鴻不知「舒」為「⿰金矛」之俗訛字，而以「銳戟」說之，〔註 12〕非是。

〔註 11〕韓小荊：《〈可洪音義研究〉——以文字為中心》，巴蜀書社，2009 年，第 245 頁。

〔註 12〕蔣禮鴻：《義府續貂》（增訂本），中華書局，1987 年，第 160～161 頁。

「鈘」字，又見《一切經音義》卷 17、卷 43、卷 49、卷 73。《原本玉篇殘卷》「屐，舒裏反」（505 頁），《篆隸萬象名義》作「鈘裏反」（1125；221 上）；寫本《群書治要》卷 45 引崔寔《政論》有「吊屈子以鈘憤者也」語（七／10 頁），「鈘」即「舒」字之俗寫。

蕭旭已據《金樓子》校《論衡》，但他說：

> 「舒」當作「矛」，字之誤也。張宗祥曰：「舒，展也。此言戟刃形。」非也。〔註13〕

義雖是，卻未得其字。

4. 要—安

《文子‧精誠》曰：

> 至黃帝，要繆乎太祖之下。

朱弁注：

> 要繆，卑小之貌。

王叔岷說：

> 「要繆」當作「宓繆」，《淮南子》作「宓穆」。〔註14〕

今按：「要」、「宓」形音皆不近，無緣致誤。我們認為，「要」應該是「安」的誤字。《鄧析子‧轉辭》「與辯者言依於安」，《鬼谷子‧權篇》作「與辨者言依於要」〔註15〕，就是古書中「要」、「安」形近訛誤之例。

「要〈安〉繆」就是「安穆」的意思。《說文》：「宓，安也。」「安」和「宓」是同義詞。郭店《老子甲》簡 10「孰能庀以動者，將徐生」，庀，今本作「安」。顏世鉉曾在《郭店竹書校勘與考釋問題舉隅》中指出，這是同義詞異文。《淮南子》「宓穆」，《文子》作「要〈安〉繆」，與郭店《老子甲》10「孰能庀以動者，將徐生」，庀，今本作「安」，可以互證。〔註16〕

〔註13〕蕭旭：《〈金樓子〉校補（二）》，復旦大學出土文獻與古文字研究中心，http://www.gwz.fudan.edu.cn/SrcShow.asp?Src_ID=1903，2012 年 7 月 17 日。

〔註14〕王叔岷：《諸子斠證》，中華書局，2007 年，第 498 頁。

〔註15〕參王愷鑾：《鄧析子校正》，收入《國學小叢書》，上海商務印書館，1935 年，第 10 頁。

〔註16〕此蒙顏世鉉先生告知。詳細的討論，可以參考顏世鉉：《戰國秦漢簡帛校讀方法研究》，國立臺灣大學文學院中國文學系博士論文，指導教師：周鳳五、葉國良，2012 年，第 30 頁。

又《名義》曰：

（1301；259 上）

呂浩錄作：

> 壵，徒告。古文毒。要，恚也，憎也，痛也。（412B）

他說：

> 「要」未詳，疑當作「惡」。

今按：此「要」字亦當作「安」。《廣雅・釋詁》：「毒，安也。」是其證。此亦「要」、「安」形近以致誤之例。〔註17〕

5. 揃—揖

《廣雅・釋詁》曰：

> 揃，收也。

「揃」，曹憲音「而容」，則所見本為從「茸」。案「揃」無「收」之訓，張洪義曰：

> 《說文》云：「揃，推搗也。」《廣韻・二腫》「軵」下云：「或
> 作揃。」是「揃」與「軵」通。《說文》云：「軵，反推車令有所付

〔註17〕蒙梁春勝先生告知：呂浩之說恐不能輕易否定。「毒」訓「惡」為古書常訓。「惡」俗書亦與「要」相混，參蘇傑：《〈三國志〉異文研究》，齊魯書社，2006年，第 62 頁；又參張小豔：《敦煌書儀語言研究》，商務印書館，2007 年，第45 頁。

也。」凡車行已達其地，去其所載，則反推之，令有付著，固防傾

覆，亦免礙人行，收束之象也。今俗謂橫船就岸為攦岸，「攦」、「軷」

音近，其義亦同。〔註18〕

顯然牽強附合而難以信從。

我們認為，「揖」當作「揖」，從「茸」從「昬」之字，俗書相近，往往訛誤，如《原本玉篇殘卷》「索」字下引《廣雅》「緝，索也」，「緝」字，今本《廣雅・釋器》誤作「緝」〔註19〕，就是例證。

「揖」，有斂、聚、合等義，〔註20〕與「收」義近。《爾雅・釋詁》：「收、戢，聚也。」「戢」、「揖」亦聲近而義同。

根據上述，《廣雅・釋詁》：「揖，收也。」當校訂為：

揖〈揖〉，收也。

6. 捉—投

《醫心方・臨禦》有下引一段話：

候女動搖，取其緩急，即以陽鋒攻其穀實，捉入於子宮，左右

研磨。〔註21〕

其中「捉入於子宮」之「捉」作「**捉**」，從字形上看，確是「捉」字，但「捉」字義不可通。我們認為，「捉」當為「投」，上文有類似的語句作「即以陽鋒投入子宮」（五／11A），可為其證。

因為「捉」、「投」俗書相近，故往往相混，如下引：〔註22〕

1. 寫本《群書治要》卷46引《典論》「琦怒捉印」（七／139）、「挾宜慍之成畫，捉必忿之常心」（七／140），兩「捉」字右側，校者皆改為「投」字，刻本則分別作「琦怒投印」、「挾宜慍之成畫，投必忿之常心」。

〔註18〕張洪義：《〈廣雅疏證〉拾補》，轉引自徐復主編：《廣雅詁林》，江蘇古籍出版社，2000年，第266頁。

〔註19〕說見胡吉宣：《〈玉篇〉引書考異》，載《中華文史論叢》增刊《語言文字研究專輯（上）》，上海古籍出版社，1982年，第115頁。

〔註20〕宗福邦、陳世鐃、蕭海波：《故訓匯纂》，商務印書館，2003年，第911頁。

〔註21〕（日）宿稱康賴：《醫心方》（五），臺北新文豐出版公司，1976年，卷28，第11頁。

〔註22〕「投」、「捉」訛混之例，可參曾良：《俗字及古籍文字通例研究》，百花洲文藝出版社，2006年，第107～109頁。

2.《淮南子》「捉得其齊」,《太平御覽》卷754引作「投得其齊」,王念孫據以校《淮南子》。[註23]

3. 寫本《群書治要》卷39引《呂氏春秋·謹聽》「昔禹一沐而三投髮」(六／112),刻本作「捉」,是也。

都是例證。

又《名義》:

(182;18下)

呂浩錄作:

催,且迴反。相擣也,伇也。(32A)

而未作任何說明。案「催」字無「伇(役)也」之訓,根據上舉「捉」、「投」俗書相混,也就是從「足」從「殳」相混之例,我們認為「伇」當作「促」,《集韻·隊韻》:「催,促也。」是其證。

7. 亡—云

《鹽鐵論·詔聖》曰:

故罷馬不畏鞭棰,罷民不畏刑法,雖曾而累之,其亡益乎?

王先謙說:

《治要》「亡」作「有」,義並通。[註24]

檢日本寫本《群書治要》卷45引《鹽鐵論》,實作:

〔註23〕王念孫:《讀書雜志》,江蘇古籍出版社,2000年,第895頁。

〔註24〕轉引自王利器:《鹽鐵論校注》,天津古籍出版社,1983年,第613頁。

（六／323 頁）

案「云」即「云」字，「云」字旁有校者改為「有」字，即為刻本《治要》所承用。

其實「云」字並非誤字，只是校書者以為不通，而改為義近的「有」字罷了。古書中的「云益」就是「有益」的意思，如《荀子・法行》曰：

> 曾子曰：《詩》曰：轂已破碎，乃大其輻，事已敗矣，乃重大息，其云益乎？

王念孫說：

> 云益，有益也。古者多謂「有」為「云」。《大雅・桑柔篇》「民有肅心，荓云不逮」，言使有不逮也。「為民不利，如云不克」，言如有不克也。「云」字或作「員」。《秦誓》曰：「雖則員然。」言雖則有然也（今本「員」作「云」，乃衛包所改，今據《正義》及《漢書・韋賢傳注》改正。以上三條，說者多失其義，辯見《釋詞》），故《廣雅》曰：「員、云，有也。」《文選・陸機〈答賈長淵詩〉》注引應劭《漢書注》曰：「云，有也。」《晉語》「其誰云不從」，韋注曰：「誰有不從。」〔註25〕

可以為證。

「云」、「亡」俗書形近，往往訛誤：

1.《名義》「云」寫作「亡」（1304；259 下）

〔註25〕王念孫：《讀書雜志》，江蘇古籍出版社，2000 年，第 670 頁。

2. 寫本《群書治要》卷 19 引《漢書‧鮑宣傳》，其中的「二云」、「三云」、「四云」、「五云」、「六云」、「七云」（三／104 頁），「云」皆為「亡」之誤。

3. 亦有從「亡」之字，而誤寫為從「云」者，如寫本《群書治要》卷 41 引《淮南子》「思心盡忘」，「忘」字作「 忘 」（六／239 頁）。皆其例證。

自宋本《鹽鐵論》誤「云」為「亡」，其義遂不可通。至於郭沫若《鹽鐵論讀本》作：

> 故罷馬不畏鞭棰，罷民不畏刑法，雖曾而累之，其亡（無）益乎！〔註26〕

據誤字而改讀，則尤為不可通。

根據「云」、「有」同義，我們還可以校正古書的一處衍文。《孔叢子‧獨治》有下引一段話：

> 大丈夫不生則已，生則有云為於世者也。

塚田虎曰：

> 「有云為」謂有事也。古者男子生，則懸弧於門，示其有事也。
> 〔註27〕

蕭旭說：

> 塚田說非也。云，猶所也（參見劉淇《助字辨略》，中華書局 1954 年版，第 61 頁；又參見裴學海《古書虛字集釋》，中華書局 1954 年版，第 201 頁）。有云為，猶言有所作為，建功立業也。〔註28〕

我們認為，《孔叢子》此文疑衍「有」字，當作：「生則｛有｝云為於世者也。」云為，即有為。就是有作為的意思。

《莊子‧田子方》曰：「嘗與汝登高山，履危石，臨百仞之淵，若能射乎？於是無人遂登高山，履危石，臨百仞之淵，背逡巡，足二分垂在外，揖禦寇而進之。」案「足二分垂在外」，當依敦煌唐寫本 P.8739 作「足二垂在外」，「足二垂」即「足二分」，就是足的三分之二。「垂」古漢語中有作為分數的用

〔註26〕郭沫若：《鹽鐵論讀本》，收入《郭沫若全集‧歷史編‧8》，人民出版社，1985 年，第 628 頁。

〔註27〕轉引自傅亞庶：《孔叢子校釋》，中華書局，2011 年，第 412 頁。

〔註28〕蕭旭：《孔叢子校補》，原載《學燈》24 期；後收入蕭旭：《群書校補（續）》，臺灣花木蘭文化出版社，2014 年，第 1084 頁。

法，〔註29〕《淮南子·要略》：「文王四世累善，修德行義，處岐周之間，地方不過百里，天下二垂歸之。」《太平御覽》卷89引「垂」作「分」，是「垂」作「分」同義。蕭旭反據誤衍之今本而謂唐寫本脫「分」字，〔註30〕不可從。

《孔叢子》之「生則｛有｝云為於世者也」與《莊子》之「足二｛分｝垂在外」誤衍的原因相同，都是前一個字（即衍文），與後一個字同義。可能由於後一個字的意思比較古，抄手知道這個字的意思，於是就把前一個字（即衍文）也寫下來，就成了衍文與正文並存的現象。此即俞樾提出的訓詁之字誤入正文，「兩字義同而誤衍例」〔註31〕，這種現象也頗值得注意和研究。

8. 武—缶

《淮南子·氾論》曰：

> 木鉤而樵，抱甀而汲。

高誘注：

> 鉤，鐮也。鉤讀濟陰句陽之句。樵，薪蒸。甀，武。今兗州曰
> 小武為甀，幽州曰瓦也。〔註32〕

何寧引梁玉繩、李哲明、于省吾等人之說，皆謂「武」與「瓬」同。〔註33〕

今按：諸家之說恐非。此「武」疑是「缶」之俗訛字。《名義》曰：

（853；162下）

〔註29〕字或作「錘」，詳細的討論，可參劉剛：《楚銅貝「圣朱」的釋讀及相關問題》，收入復旦大學出土文獻與古文字研究中心編：《出土文獻與古文字研究》（第五輯），上海古籍出版社，2013年，第448～449頁。

〔註30〕蕭旭：《群書校補》（肆），廣陵書社，2011年，第1238頁。

〔註31〕俞樾：《古書疑義舉例》，中華書局，1954年，第61頁。

〔註32〕何寧：《淮南子集釋》，中華書局，2010年，第915頁。

〔註33〕案王念孫已早有此說，參《廣雅疏證》，中華書局，1983年，第219頁。

呂浩說：

「武」似為「缶」之誤。（263B）

可從。《名義》「罅」字下一字「缺」作「」，也是從「缶」之字誤從「武」

（ 闕 ），可以為證。

「缶」字誤為「武」的過程大致如下：

1.「缶」俗書作「缶」，而俗字從「山」之字往往從「止」，故「缶」俗字或作「缶」；又從「缶」之字「焦」作「焦」又作「焦」（參韓小荆《字形表》443 頁）。如「鹹」字《名義》作「䁁」（852；162 下）。

2.「缶」字再由於抄手的書寫習慣而添加「乀」或「戈」，也就成為「武」或「戎」（《名義》880；168 下）。

據上所述，則高誘注當校正為：

甄，武〈缶〉。今兗州曰小武〈缶〉為甄，幽州曰瓦也。

9. 掌—牽

《篆隸萬象名義》：「臣，掌也。」（201；22 下）

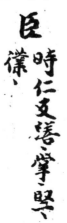

又《名義》:「癴,攣字,掌係也。」(615;111 下)

我們認為這兩「掌」字皆當為「牽」之誤字。《說文》曰:「臣,牽也。」《易·中孚》「有孚攣如」,孔穎達疏:「攣如者,相牽繫不絕之名也。」即為《名義》所本,「繫」、「牽」義同,如《文選·西京賦》「此牽乎天者也」,薛綜注:「牽猶繫也。」故《名義》云「癴,攣字,掌〈牽〉繫也。」呂浩的《篆隸萬象名義校釋》皆未能校正。

又《淮南子·主術》云:

　　舉動廢置,曲得其宜,無所繫戾,莫不畢宜也。〔註34〕

高誘注:

　　繫,掌也;戾,破也。

吳承仕認為「繫,掌也」當作「繫,攣也。俱因形近致訛」。〔註35〕案吳說「繫」為「繫」是正確的,而改「掌」為「攣」則非,我們認為「掌」亦當為「牽」之俗訛。

〔註34〕何寧:《淮南子集釋》,中華書局,2010 年,第 689 頁。
〔註35〕吳承仕:《淮南舊注校理》,北京師範大學出版社,1985 年,第 71 頁;又《淮南舊注校理》,北京中國書店據「歙縣吳氏付文楷齋刊本(1924 年)」影印,2010 年,第 28~29 頁。

10. 升—尢（允）

《廣雅·釋詁二》曰：

升，短也。

「升」字，曹憲《博雅音》無音，王念孫《廣雅疏證》無說，錢大昭《廣雅疏義》云「未詳」。王士濂《〈廣雅疏證〉拾遺》疑「乒」字之訛、張洪義《〈廣雅疏證〉拾補》疑「斗」字之誤。〔註36〕

又日本《篆隸萬象名義》及《新撰字鏡》「升」字下並有「短也」之訓：

（859頁）

〔註36〕參徐復主編：《廣雅詁林》，江蘇古籍出版社，2000年，第177～179頁。

　　案「升」字訓為「短」，疑字當作「尢」，「尢」或作「允」，字形與「升」
相近，以致訛誤。宋本《玉篇》（398 頁）云：

字又作「尪」，《呂氏春秋・明理》「盲禿傴尪」，高誘注：「尪，短仰者也。」
　　《玄應音義》卷四「尪羸」注引《通俗文》「短小曰尪」。《慧琳音義》卷
三十一「尪羸」注引《蒼頡篇》「尪，短小」。〔註37〕皆可以為證。

11. 師—帥

　　古書中「帥」字往往有誤作「師」字者，〔註38〕又《淮南子・兵略》
「有逆天之道，帥民之賊者，身死族滅」，「帥」字，日本古鈔本第 55 行作
「師」；又日本平安時期寫本《陳書》「將帥」之「帥」作「師」；敦煌俗
字或作「帀」「師」〔註39〕。其右邊的「巾」皆多一橫畫，與「師」字形
近，故易致誤。
　　案《莊子・秋水》曰：

　　　　蓋師是而無非，師治而無亂乎！

<hr>

〔註37〕參王國維：《重輯蒼頡篇》（卷下），收入《王國維遺書》（第七冊），上海古籍
　　　　書店，1983 年，第 57 頁。
〔註38〕王引之：《經義述聞》卷九「師都建旗、師都載旜」下，江蘇古籍出版社，2000
　　　　年，第 215 頁；又王念孫：《讀書雜志》，江蘇古籍出版社，2000 年，第 445
　　　　頁；又《故訓匯纂》，商務印書館，2003 年，第 667 頁。
〔註39〕黃征：《敦煌俗字典》（第二版），上海教育出版社，2019 年，第 741 頁。

《釋文》：

> 「師是」，或云：師，順也。

陸澹安說：

> 師無順義，《玉篇》：「師，範也。」言其規規於是而不知有非也。
> 〔註40〕

又《太玄·窮》曰：

> 師在心也。

范望注：

> 師，循也。

今按：如舊注，則此二「師」字，亦皆當為「帥」。因為「帥」可訓為「循」
〔註41〕、「順」，字或作「率」，而「師」則絕不能訓為「循」、「順」，故注「師，
循也」，其所見本當為「師〈帥〉」。

12. 易—曷

《易是類謀》曰：

> 錄圖世讖，易嘗喪責，帝逢臣。

舊題鄭玄注云：

> 易，何也。喪，亡也。錄圖讖之言，何嘗可法致誠也。〔註42〕

今按：「易」無「何」義，「易」當為「曷」，「曷」訓為「何」，為經典之
常訓。諸家於「易」字皆無說，亟宜刊正。

蒙梁春勝先生告知，俗字中，「曷」、「易」往往相混：韓小荊《可洪音義
研究》下編「《可洪音義》異體字表」收錄「偈」或作「傷」（499），「錫」或
作「鍚」（733）《篆隸萬象名義·手部》「換」字下釋文「易」寫作「昜」（55A），
是「曷」、「易」相混之證。

13. 崔—隹

《論語·公冶長》「崔子」，陸德明《經典釋文》云：

> 鄭注云：《魯》讀「崔」為「高」，今從《古》。

〔註40〕陸澹安：《莊子末議》，上海錦繡文章出版社，2012 年，第 74 頁。

〔註41〕參《故訓匯纂》，商務印書館，2003 年，第 666 頁。

〔註42〕趙在翰輯：《七緯》，中華書局，2012 年，第 177 頁；安居香山、中村璋八輯：
《緯書集成》，河北人民出版社，1994 年，第 290 頁。

《魯》，是指《魯論語》，但「崔」、「高」古音並不相近，「崔」，《魯》怎麼會讀為「高」呢？頗疑《魯論語》所見本為「隺」字，古從「隺」從「高」之字，音近多通用，如「敲」與「推」、「塙」與「確」、「鴞」與「鶴」，皆其例證。〔註43〕又《說文》：「隺，高至也。」《釋名》：「膜，蒿也。」高誘注《淮南子·俶真》：「推，揚推，推讀鎬京之鎬。」或釋義、或擬音，亦皆由於音近而相通。故《魯》讀「隺」為「高」。

又《篆隸萬象名義》：「摧，苦學反，敂〈敲〉擊。」（347；54上）根據反切及訓釋，可以知道，「摧」字當作「推」。

案《孔叢子·記問》曰：

> 鬱確其高，梁甫廻連。

傅亞庶校：

> 確，蔡本作「崔」。冢田虎曰：「鬱確，茂峻貌。」庶按：「鬱確」
> 連文，俱言高大之義。

蕭旭先生說：

> 「確」無高大之義，傅說非也。蔡本作「鬱崔」是。「鬱確」是
> 「鬱礭」之形誤，《天中記》卷43引正作「鬱礭」。「礭」俗字從「崔」
> 作「確」，因而致誤。鬱礭，鬱鬱礭嵬也。《類聚》卷63引後漢·李
> 尤《平樂觀賦》：「鬱崔嵬以離婁，赫巖巖其釜嶺。」《文選·擬古詩》：
> 「西山何其峻，層曲鬱崔嵬。」呂延濟注：「崔嵬，高大貌。」「鬱
> 崔」即「鬱崔嵬」之省。「崔」同「礭」。〔註44〕

這也是「崔」「隺」形近致異之例。

14. 伇—伇

《尚書大傳》曰：

> 諸侯在廟中者，伇然淵其志，和其情。

鄭玄注：

> 伇讀曰播，播然變動貌。

陳壽祺說：

〔註43〕參王念孫：《讀書雜志》，江蘇古籍出版社，2000年，第69頁。
〔註44〕蕭旭：《孔叢子校補》，載《學燈》第24期。

注播當為憣字之誤。〔註45〕

今按：「仮」當為「彼」字之誤。從「皮」從「番」音近多通用。如皮與番、皮與藩、披與藩、被與播、波與播、波與幡等，〔註46〕都可以為證。故上引《尚書大傳》及鄭玄注當校訂為：

《尚書大傳》曰：

> 諸侯在廟中者，仮〈彼〉然淵其志，和其情。

鄭玄注：

> 仮〈彼〉讀曰播，播然變動貌。

蒙梁春勝先生告知，在俗字中，「皮」、「及」二字往往相混，如敦煌俗字「頗」或作「頍」（《敦煌俗字典》307），《篆隸萬象名義·金部》「鈹」字下釋文「鈹」作「鈒」（176A），《集韻·緝韻》訖立切：「鈒，鋤屬。」楊寶忠《疑難字續考》指出此字當是「鈹（鈹）」字俗訛（301），皆「皮」、「及」相混之證。

15. 狓—猲

《孔子家語·禮運》曰：

> 鳳以為畜，而鳥不狓；麟以為畜，而獸不猲。〔註47〕

王肅注：

> 狓，飛走之貌也。狓，況必反，猲，況越反。

蕭旭先生說：

> 狓，《禮記》作「獢」。鄭玄注：「獢狖，飛走之貌也。」《釋文》本作「喬」，云：「喬，字又作獢。」《周禮·春官·宗伯》鄭玄注引《禮記》作「喬」，《釋文》：「喬，本又作獢，亦作譑，同。」「譑」為「譑」形誤。《集韻》：「喬，驚懼貌，或作譑。」喬、獢、譑，並為「趫」借字，字亦作蹻。《說文》：「趫，狂走也。」《繫傳》：「趫，急疾之貌也。」《集韻》：「趫、蹻，狂走，或從足。」錢大昕曰：「《說文》有趫字，訓狂走，即鳥不喬之喬。」《六書故》則謂是「敼」借

〔註45〕漢·伏勝《尚書大傳》卷一下，《四部叢刊》景清刻左海文集本，香港聚文書局，2008年，第207頁。

〔註46〕高亨纂著、董治安整理：《古字通假會典》，齊魯書社，1997年，第689～691頁。

〔註47〕《四部叢刊》景明翻宋本。

字，云：「鴥，鳥飛迅疾也。鴥亦通作矞。」恐非是。本書作「瓡」，
疑「獝」脫誤，「獝」亦「趫」之分別字。……〔註48〕

我們認為，「瓡」、「獝」二字字形絕不相近，「脫誤」之說，實不可信。
「瓡」當是從羽從戌之字（俗作「翙」），上蕭旭先生所舉「鹹」是重要旁證，
其中「戌」旁亦應是「戌」之訛，「戌」旁、「戍」旁皆罕見作意符，「鹹」應
本係一加注「戌」聲之雙聲字，由此可知我們以從「戌」聲而將「瓡」與「獝」
溝通甚為直接。

「瓡」，王肅音況必反，《篆隸萬象名義》：「翙，呼出反，飛去兒。」可
證「瓡」即「翙」之誤字，《廣韻》收入入聲「六術」下，音許聿切，是完全
正確的，此字與「翙」異字異音，而校《廣韻》者，率皆以「翙」為「翙」
之誤字矣，〔註49〕亟宜糾正。

我們知道，凡字之從戌從矞者，因音近而多通用，如《廣雅·釋詁四》
曰：

颴、颵，風也。

王念孫指出：

颴讀如「鳥不獝」之「獝」。《說文》：「颲，小風也。」「颴」與
「颲」同。「颵」讀如「獸不狘」之「狘」，《廣韻》：「颵，小風也。」

〔註50〕

呂浩《校釋》（60B）指出「瞲」「晟」「眓」同字，亦猶從戌得聲的「怴」
字與「儵」並訓為「狂也」。〔註51〕

《文選·郭璞〈江賦〉》曰：

千類萬聲，自相喧聒，濯翩疏風，鼓翅。〔註52〕

「翩翙」二字有音切，分別為：

翩，許聿；翙，許月反。

李善注：

<hr>

〔註48〕蕭旭：《〈孔子家語通解〉舉正》，復旦大學出土文獻與古文字研究中心網站，
http://www.gwz.fudan.edu.cn/Srcshow.asp?Src_ID=2192，2013 年 12 月 10 日。
〔註49〕如周祖謨：《廣韻校本》（下冊），中華書局，2004 年，第 514 頁；余迺永：
《新校互注宋本廣韻》（上冊），上海人民出版社，2008 年，第 474 頁。
〔註50〕參王念孫：《廣雅疏證》，中華書局，1983 年，第 122 頁。
〔註51〕參王念孫：《廣雅疏證》，第 118 頁。
〔註52〕《六臣注文選》，中華書局，2012 年，第 241 頁。

《禮記》曰：「鳳以為畜，故鳥不獝；麟以為畜，故獸不狘。」

鄭玄曰：「獝狘，飛走之皃。」「鷸」與「獝」同。

案「翍」當是從羽從戉之字，即「翪」之異體。《康熙字典》「翪」字下引《江賦》作為書證，是錯誤的。

16. 法—任

《呂氏春秋·大樂》有下引文句：

> 道也者，視之不見，聽之不聞，不可為狀。有知不見之見、不聞之聞，無狀之狀者，則幾於知之矣。道也者，至精也，不可為形，不可為名，彊為之謂之太一。故一也者制令，兩也者從聽。先聖擇兩法一，是以知萬物之情。〔註53〕

高誘注：

> 擇，棄也。法，用也。

陳奇猷說：

> 法猶則也。高訓為用，非。〔註54〕

我們認為，如高注，則「法」疑為「任」之誤字。即高誘所見本尚是「任」字，故訓為「用」。「任」訓為「用」，為經典之常訓。即以《呂氏春秋》一書為例，如《察今》「此任物亦必悖矣」、《樂成》「達乎任人也」、《任數》「去三者不任則治」、《舉難》「將任之」，高誘注並曰：「任，用也。」〔註55〕可為其證。又如《篆隸萬象名義》：

〔註56〕

〔註53〕陳奇猷：《呂氏春秋新校釋》（上冊），上海古籍出版社，2011年，第259頁。

〔註54〕陳奇猷：《呂氏春秋新校釋》（上冊），第267～268頁。

〔註55〕參《故訓匯纂》，商務印書館，2003年，第95頁。

〔註56〕《篆隸萬象名義》，臺灣台聯國風出版社，第176頁。

案《孫子・兵勢》曰：

> 故善戰者，求之於勢，弗責於民，故能擇民而任勢。〔註57〕

馬王堆帛書《稱》有「世恒不可，擇（釋）法而用我」〔註58〕。又古書多見「釋 X 而任 X」的句式：

> 《商君書・君臣》：釋法制而任名譽也。
>
> 《商君書・慎法》：莫不釋法度而任辯慧。
>
> 《商君書・修權》：君臣釋法而任私必亂。
>
> 《韓非子・飾邪》：釋規而任巧，釋法而任智，惑亂之道也。
>
> 《韓非子・難勢》：夫釋賢而專任勢，足以為治乎？
>
> 《史記・太史公自序》：釋此而任術。
>
> 《文子・道德》：釋道而任智者危，棄數而用才者困。
>
> 《淮南子・原道》：夫釋大道而任小數。

可見「釋 X 而任 X」為一固定句式。

綜上所述，所以我們有理由認為《呂氏春秋》「先聖擇兩法一」應為「先聖擇（釋）兩法〈任〉一」。

〔註57〕 李零：《〈說擇人而任勢〉補證》，《〈孫子〉十三篇綜合研究》，中華書局，2006年，第 430～431 頁。

〔註58〕 《馬王堆漢墓帛書（壹）》，文物出版社，1980 年，第 81 頁。

二、古文獻新考三則 [註1]

1. 禽獸可羈而從

《淮南子・氾論》有下引一段話：

> 烏鵲之巢可俯而探也，禽獸可羈而從也。

高誘注：

> 從，猶牽也。[註2]

《文子・上禮》有類似的語句，作：

> 飛鳥之巢可俯而探也，走獸可繫而從也。

案「從」、「牽」義不相近，不得訓「從」為「牽」。高注當作：

> 羈，猶牽也。

《呂氏春秋・誣徒》「羈神於世」，又《決勝》「而有以羈誘之也」，高誘注
並曰：「羈，牽也。」[註3] 是其證。又《莊子・馬蹄》說：

> 是故禽獸可繫羈而遊，鳥鵲之巢可攀援而闚。

此即《淮南》所本。《淮南子》的「從」即「順從」、「隨從」之義，與《莊
子》的「遊」意思相近。

2. 縱矢

《淮南子・覽冥》有下引文句：

> 騁若飛，騖若絕，縱矢躡風，追猋歸忽。

〔註 1〕此文載《中國典籍與文化》，2012 年第 2 期。
〔註 2〕何寧：《淮南子集釋》，中華書局，2010 年，第 912 頁。
〔註 3〕轉引自宗福邦等主編：《故訓匯纂》，商務印書館，2003 年，第 1802 頁。

高誘注：

> 縱，履也，足疾及箭矢。躡，踏也。〔註4〕

案諸書無訓「縱」為「履」者，如高注，則正文及注文「縱」字並當作「縱」。凡字之從從从徙者，古書往往訛混。如：

1. 《荀子‧非十二子》「離縱而跂訾」，楊倞注：一說縱為縱之誤。〔註5〕

2. 《文子‧符言》「時之行，動而從，不知道者福為禍」。「從」當依《逸周書‧周祝》作「徙」。徙、禍為韻。

3. 《淮南子‧原道》「徙裸國」，高誘注：「徙，化也。」向宗魯說：「徙」字無義，亦無「化」訓。宋本、藏本皆作「從」，從者，服從之義。注當作「從，化也」。《主術篇》「與之陶化」，注「化，從也」，是其證。〔註6〕

4. 《大戴禮記‧四代》「變從無節，妨於政」，王念孫說：從當作徙，節，止也。言變遷無止則害於政也。隸書徙、從二形相似，故徙譌作從。《管子‧問篇》「外人之來徙，而未有田宅者」，《說苑‧敬慎篇》「眾人惑惑，我獨不徙」，今本徙字並譌作從。〔註7〕

5. 王晫《今世說‧捷悟》云：「陸麗京誦讀明敏，善思誤書。嘗閱《韓非子》至『一從而成危』，曰：『是一徙而成邑』也。」蔣禮鴻謂《太平御覽》81 及 156 引《尸子》皆云：「舜一徙成邑，再徙成都，三徙成國。」此陸說之證。〔註8〕

《莊子‧讓王》「華冠縱履」，成玄英《疏》云：「縱，躡也」，《釋文》謂《三倉解詁》作「躧」，云：「躡也」。

縱、躡同義，故云「縱矢躡風」，若作「縱矢躡風」，則非其義矣。縱、躡又可以連言，張衡《舞賦》「歷七盤而縱躡」是也。〔註9〕縱之言踐也，《莊子‧

〔註4〕何寧：《淮南子集釋》，中華書局，2010 年，第 474 頁。

〔註5〕詳參王念孫：《讀書雜志》「離縱而跂訾」下，江蘇古籍出版社，2000 年，第 658 頁。

〔註6〕轉引自何寧：《淮南子集釋》，中華書局，2010 年，第 47 頁。

〔註7〕王引之：《經義述聞》「變從」下，江蘇古籍出版社，2000 年，第 300 頁。

〔註8〕蔣禮鴻：《懷任齋文集‧讀〈韓非子集解〉》，上海古籍出版社，1986 年，第 192 頁。

〔註9〕嚴可均輯《全後漢文》卷五三作「歷七盤而蹀躡」。（據嚴氏自注，此條輯自：《後漢書‧邊讓傳》注、《文選‧舞賦》注、陸機《日出東南隅行》注、鮑照

讓王》「華冠縰履」,《釋文》引司馬本作「踐」〔註10〕,即其證。

3.《廣雅》校字一則

《廣雅·釋詁》:

佐,覘也。〔註11〕

王念孫及其他研究《廣雅》的學者皆無說。〔註12〕據我所知,僅胡吉宣《玉篇校釋》提出過「蓋取左邊義,覘于左也」這一看法,〔註13〕顯然是毫無道理的猜測。

我們知道,訓「佐」為「覘」,其他古書中從來都沒有見過,是不符合語言其具有社會性這一原則的。我們認為,「佐」當為「伏」的誤字。下面,我們來看從一些「左」從「佐」的字形:

1. 敦煌俗字「左」或作「**左**」「**右**」。(《敦煌俗字字典》579 頁)

2.「佐」或作「**佐**」、「**佑**」。(《敦煌俗字字典》579 頁)

3. 魏寇演墓誌「佐亦旌仁」之「佐」作「**佐**」。(《北圖》4／62)〔註14〕

可見字形與「伏」非常相近,在傳抄的過程中遂發生了訛混。

《說文》〔註15〕、《廣韻》並云:「伏,伺也。」「伺」與「覘」同。所以,《廣雅》的「佐,覘也」,當校訂為:

佐〈伏〉,覘也。

《數詩》注、《太平御覽》五百七十四),檢宋本《太平御覽》(574／10)引張衡《舞賦》作「歷七盤而縱躍」(《太平御覽》,《四部叢刊三編》,上海書店,1985 年)。案「縱」亦當作「縱」,也是從「從」從「徙」訛混之例。

〔註10〕郭慶藩:《莊子集釋》,中國書店,1988 年,第 15 頁。

〔註11〕王念孫:《廣雅疏證》,中華書局,1983 年,第 102 頁。

〔註12〕徐復:《廣雅詁林》,江蘇古籍出版社,1992 年,第 267 頁。

〔註13〕胡吉宣:《玉篇校釋》,上海古籍出版社,1989 年,第 508 頁。

〔註14〕以上字形皆轉引自梁春勝:《楷書部件演變研究》,復旦大學 2009 年博士學位論文,指導教師:張涌泉、施謝捷教授,第 72～74 頁。

〔註15〕此依徐鍇本《說文》。徐鉉本《說文》作「伏,司也」,徐鉉注:「司,今人作伺。」

三、先秦秦漢古書校字九則〔註1〕

　　我們在閱讀出土文獻和傳世古書時，會經常遇到抄寫訛誤或刊刻訛誤的情況，如果不加以校勘，就會以訛傳訛，就不能真確地理解古人所表達的意思和思想。而校勘學的目的，就是要盡量地恢復文本的本來面目，從而使讀者更真確地理解古人所表達的意思以及思想。

　　下面就是我們討論古書中的一些訛字現象，共有九條，希望得到大家的批評與指正。

1. 錯—鐖

　　《墨子・親士》云：

　　　　今有五錐，此其銛，銛者必先挫；有五刀，此其錯，錯者必先靡。

關於「錯」字，孫詒讓引《廣雅・釋詁》云：「錯，磨也。」又引畢（沅）云：「言磨錯之利。」〔註2〕檢孫仁和先生云：

　　　　「錯」與「鍪」音近。《爾雅・釋詁》：「鍪，利也。」或假為「厝」，《說文》：「厝，厲石也。」〔註3〕

高亨先生云：

〔註1〕此文是提交北京清華大學主辦「先秦兩漢訛字學術研討會」的會議論文，在會上有幸結識了中國社會科學院語言研究所的王志平先生，王先生對小文較感興趣，提出了一些意見；另在會議上，王挺斌先生也對拙文提出了一些意見；又蕭旭先生閱讀拙文後，也有指正，一併致以謝意！
〔註2〕孫詒讓：《墨子閒詁》（上冊），中華書局，1986年，第4頁。
〔註3〕王煥鑣：《墨子集詁》（上冊），上海古籍出版社，2005年，第14頁。

錯，利也。謂鋒刃之利也。《韓非子・外儲說右下篇》：「鉤飾在前，錯鍥在後。」錯鍥，謂銳利之馬策頭針也。錯義正與此同。〔註4〕

上引孫氏第一說及高說於文義較為妥帖，因為此文「錯」與「銛」相對為文，「銛」字，畢沅引《史記集解》云：「徐廣曰，思廉反。駰案《漢書音義》曰：『銛謂利。』」可見「錯」字應該也是「銛利」之義。但我們知道古書中「錯」字根本沒有「利」的意思，高說顯然於詁訓無證；而孫說「錯」與「𢇛」二字的古音雖然同為鐸部，但聲母則不是很近，所以說孫說也頗難成立。

檢高氏所引《韓非子》「錯鍥在後」句，蔣禮鴻先生認為「錯」當作「鐯」，謂「鐯」、「鍥」皆銳刺之名。〔註5〕可從。案古書中從「晉」從「昔」之字，由於形近而多有相淆者：如《廣雅・釋詁一》「昔，往也」，「昔」舊各本訛作「晉」；〔註6〕《墨子・備城門》「竈置鐵鐯焉」，畢沅云：「舊作『錯』，據上文改，鐯同䦆。」皆可以為證。

綜上，《墨子・親士》這一段話可校讀為：

> 今有五錐，此其銛，銛者必先挫；有五刀，此其錯〈鐯〉，錯〈鐯〉者必先靡。

案《說文》：「晉，銳意也。」又《淮南子・本經》「兵莫憯於志」，注：「憯，猶利也。」《墨子》「錯〈鐯〉」與「晉」、「憯」音義並同，皆為銳利之義。

檢《荀子・議兵篇》有「宛鉅鐵釶，慘如蜂蠆」語，《史記・禮書》作「鑽如蜂蠆」。案「鑽」亦當為「鐯」之誤字。〔註7〕「慘」、「鑽〈鐯〉」皆是「鋒利」之義，故《商君書・弱民篇》作「利如蜂蠆」。又案《廣雅・釋詁二》：「籤、銛，利也。」王念孫指出：

> 籤之言鐵也，卷四云：「鐵，銳也。」《說文》：「籤，銳也、貫也。」《釋器篇》云：「籤謂之鑱。」皆利之義也。〔註8〕

「慘」與「籤」亦音近而義同。猶《詩・魏風・葛屨》「摻摻女手」即「纖纖

〔註4〕高亨：《諸子新箋》，收入《高亨著作集林・第六卷》，清華大學出版社，2004年，第8頁。

〔註5〕蔣禮鴻：《蔣禮鴻集》（第三卷），浙江教育出版社，2001年，第314頁。

〔註6〕王念孫：《廣雅疏證》，中華書局，1983年，第8頁。

〔註7〕王叔岷先生疑「鑽」為「憯」之誤（見王叔岷：《史記斠證》（第二冊），中華書局，2007年，第1011頁），似稍有遺憾。

〔註8〕王念孫：《廣雅疏證》，第63頁。

女手」也。〔註9〕而楊倞注《荀子》「慘如蠆薑」乃云:「言其中人之慘毒也。」非是。

綜上,「朁」、「憯」、「錯」、「慘」、「籤」、「鐵」並音近而義同。

2. 朽—㱙

《墨子·節葬下》云:

> 楚之南有炎人國者,其親戚死,朽其肉而棄之,然後埋其骨,乃成為孝子。

畢沅云:

> 《列子》朽作歺同。《太平廣記》引作剺。

孫詒讓說:

> 《御覽》七百九十引《博物志》亦作剺。《列子》釋文云「歺本作冎,音寡,剔肉也。又音朽。殷作冎,蓋冎之譌。《說文·冎部》云「冎,剔人肉置其骨也。」《新論》作坼,尤誤。〔註10〕

案俗書從亐從丂之字每相混,〔註11〕檢日本寫本《群書治要》卷45引崔寔《政論·用臣》有「垂不朽之名」(七／27頁),「朽」即「朽」之俗書。故《墨子》「朽其肉」之「朽」當為「㱙」之誤字,「㱙」可讀為「剺」。馬王堆漢墓帛書《周易·繫辭》「杅木為周」,傳世本作「剺木為舟」,就是例證。《說文》:「剺,判也。」「㱙」、「剺」古音極近,故《太平廣記》、《博物志》引《墨子》並作「剺」。

又《荀子·大略》云:

> 君子隘窮而不失,勞倦而不苟,臨患難而不忘細席之言。

楊倞注引《尸子》「子夏曰:君子漸於飢寒而志不僻,侉於五兵而辭不懾。臨大事不忘昔席之言」為證,又盧文弨說:

> 案《廣韻》:「侉,痛呼也。安賀切。」宋本作銙,字書無攷。

今從元刻。〔註12〕

〔註9〕參聞一多:《詩經通義》,收入《聞一多全集·第四卷》,湖北人民出版社,1993年,第235頁。

〔註10〕孫詒讓:《墨子閒詁》(上冊),第171頁。

〔註11〕參梁春勝:《〈敦煌俗字典〉讀後記》,北京大學國學研究院中國傳統文化研究中心編:《國學研究》(第二十五卷),北京大學出版社,2010年,第362頁。

〔註12〕王先謙:《荀子集解》,中華書局,1988年,第505頁。

蕭旭先生說：

> 《集韻》：「侉，怯也。」本字為恗，《廣雅》：「恗，怯也。」《玉篇》：「恗，恐也、怯也。」宋本作錡，蓋涉「五兵」而改從金旁。《廣韻》：「錡，帶飾。」謝氏謂無考，失檢。〔註13〕

案「侉」、「錡」似皆應當讀為「刳」。《墨子‧備蛾傅》云「表八尺，廣七寸，經尺一，數施一擊而下之，為上下錡而斳〈斮〉之」，畢沅云：「《說文》云：『釫，兩刃臿也。或從金或從手〈于〉。』《玉篇》云：『釫同鏵，鏵，鍫也。胡瓜切。』」〔註14〕案《墨子》此處之「釫」疑同「錡」，也應當讀為「刳」。又出土文獻或作「夸」。如馬王堆帛書《五十二病方》422 行「乾夸（刳）竈」，就是例證。檢《廣雅‧釋詁》：「刳，屠也。」王念孫《疏證》云：

> 刳者，《方言》：「刳，屝也。」《說文》：「刳，判也。」《眾經音義》卷九引《倉頡篇》云：「刳，屠也。」《繫辭傳》「刳木為舟」，九家本作「挎」，注云：「挎，除也。」《周官‧掌戮》「殺王之親者辜之」，鄭注云：「辜之言枯也，謂磔之。」《荀子‧正論篇》云「斬斷枯磔」，義並相近。〔註15〕

五兵，即五種兵器，當指車之五兵。《周禮‧夏官‧司兵》「掌五兵五盾」，鄭玄注引鄭司農云：「五兵者，戈、殳、戟、酋矛、夷矛也。」

> 然則《尸子》「侉於五兵而辭不懾」，即「侉（刳）於五兵而辭不懾」，謂身首雖刳剔於五兵而言辭仍不懼也。

3. 垂—舍

《墨子‧尚賢》有下引一段話：

> 是故以賞不當賢，罰不當暴，其所賞者已无故矣，其所罰者亦无罪。是以使百姓皆攸心解体，沮以為善，垂其股肱之力而不相勞來也；腐臭餘財而不相分資也；隱慝良道而不相教誨也。

孫詒讓認為：

> 「垂」，義不可通，字當作「舍」，草書二字形近而誤。《尚同中篇》云「至乎舍餘力，不以相勞；隱匿良道，不以相教；腐死餘財，

〔註13〕蕭旭：《〈尸子〉校補》，收入《羣書校補》（第一冊），廣陵書社，2011 年，第73 頁。

〔註14〕孫詒讓：《墨子閒詁》（下冊），第 524 頁。

〔註15〕王念孫：《廣雅疏證》，第 75 頁。

不以相分」，與此文意正同。《節葬下篇》亦云「無敢舍餘力，隱謀
遺利而不為親為之者矣」，此以下六句即舍力遺利隱謀之事。

除了孫氏所引《尚同中篇》外，《尚同上》也有類似的語句作「至有餘力，不
能以相勞；腐朽餘財，不以相分；隱匿良道，不以相教」，皆作「至」。所以我
們認為，《墨子》此文「垂其股肱之力」的「垂」字，應該就是「至」的誤字。
銀雀山漢簡《尉繚子》「成王至德也」，傳世本作「在王垂聽也」，〔註16〕即「至」、
「垂」形近致誤之例。「垂〈至〉其股肱之力」，與「至有餘力」、「至乎舍餘
力」同義，就是「至有股肱之力」的意思。「其」猶「有」也。〔註17〕

4. 容—客

《呂氏春秋·離俗》云：

> 若夫舜湯，則苞裹覆容，緣不得已而動，因時而為，以愛利為
> 本，以萬民為義。

案「容」與「覆」義不相屬，「容」當為「客」，「容」、「客」形近，古書多互
訛。〔註18〕又如《漢書·王子侯表》「侯勝容嗣」，王念孫謂「勝容」義無所
取，當是「勝客」之訛。〔註19〕陳直先生補充王念孫的說法：

> 《漢印文字徵》第十三、十五頁有「王勝客」、「石勝客」，又第
> 七、十七頁有「趙勝客」，第三、九頁有「譯勝客」等四印，參稽《急
> 就篇》，王說是也。〔註20〕

凡此皆是「容」、「客」二字訛誤之證。《呂覽》之「苞裹覆容〈客〉」，「客」，
可讀為「露」，「覆露」為一固定的成詞。《國語·晉語六》「智子之道善矣，是
先主覆露子也」，韋昭注曰：「露，潤也。」清人王引之已指出：

> 露與覆同義，覆露之言覆慮也、包絡也。《釋名·釋天》曰：「露，
> 慮也。覆慮物也。」《釋宮室》曰：「廬，慮也。取自覆慮也。」《淮
> 南·時則篇》「包裹覆露，無不囊懷」、《春秋繁露·基義篇》「天為
> 君而覆露之，地為臣而持載之」、《漢書·鼂錯傳》「今陛下配天象地，
> 覆露萬民」、《嚴助傳》「陛下垂德惠以覆露之」，皆謂覆慮之也。若

〔註16〕《銀雀山漢墓竹簡·壹》，文物出版社，1985年，第86頁。

〔註17〕例證參蕭旭：《古書虛詞旁釋》，廣陵書社，2007年，第168頁。

〔註18〕可參王念孫：《讀書雜志》，《逸周書·酆保》「六容」下（第6頁）、《墨子·
備城門》「容至」（第611頁）。

〔註19〕王念孫：《讀書雜志》，第192頁。

〔註20〕陳直：《漢書新證》，中華書局，2008年，第57～58頁。

　　　訓露為潤，則與覆異義矣，而高誘注《淮南》亦訓露為潤，顏師古

　　　注《漢書》訓露為膏澤，且云或露或覆言養育也，不知露即訓覆，

　　　覆露為古人之連語，上下不殊義也。〔註21〕

王氏引《淮南子‧時則》之「包裹覆露」語，與《呂覽》云「苞（包）裹覆容

〈客─露〉」文義相同。

　　至於陳奇猷先生認為此文以容、動為韻，為、義為韻，〔註22〕則為我們

所不從。我們只認為此文僅僅以為、義為韻而已。（檢江有誥《音學十書》未

收錄，蓋江氏亦不以容、動為韻。）

5. 善─垂

　　《荀子‧非相》云：

　　　葉公子高，微小短瘠，行若將不勝其衣然。白公之亂也，令尹

　　　子西、司馬子期皆死焉，葉公子高入據楚，誅白公，定楚國，如反

　　　手爾，仁義功名善於後世。

關於「仁義功名善於後世」這句，王引之認為：

　　　「善」字文義不明，疑「著」字之譌，隸書「著」字或作「着」，

　　　與「善」相似，《史記‧五帝紀》「帝摯立不善」，《索隱》古本作「不

　　　著」。

後來學者如俞樾則認為「善」乃「蓋」字之誤；而臺灣學者潘重規先生則認

為：「言仁義功名見善於後世也。」王天海以潘說為是，他說：「善於後世，猶

言為後世所稱善。」〔註23〕可謂眾說紛紜，莫衷一是。我們認為王引之、俞

樾的說法雖於文義可通，但並沒有較為有利的強證；而潘重規、王天海的說

法則明顯地犯了「增字解經」的毛病。

　　我們認為《荀子》此文之「善」當為「垂」，二字因字形相近而誤。《銀雀

山漢墓竹簡‧壹‧六韜》簡738有下引一段話：

　　　……三年而天下二乑（垂）歸之【13】……三年而天下二乑

　　　（垂）歸之

整理者指出：

　　　《淮南子‧道應》：「文王砥德修政，三年而天下二垂歸之」，此

〔註21〕王引之：《經義述聞》，江蘇古籍出版社，2000 年，第 507～508 頁。

〔註22〕陳奇猷：《呂氏春秋新校釋》（下冊），上海古籍出版社，2011 年，第 1250 頁。

〔註23〕王天海：《荀子校釋》（上冊），第 165 頁，上海古籍出版社 2005 年。

簡文字與之相合，所言當為文王之事，疑屬於本篇，其位置似應在721 號簡之前。「乗」即「𡒥」字之省，漢人多借此字為「垂」。

案漢人筆下的「垂（𡒥）」多作如下字形：

垂（銀 257；《銀編》187）垂（談 33；《馬編》547）垂（《武威簡・服傳》37；《篆隸》341）垂（《居延簡甲》73；《篆隸》341）

而「善（𦎫）」字作：

善（《陽泉熏爐》；《篆隸》173）善（《張遷碑》；《篆隸》173）

善（居 146.99；《漢編》20）善（居 238.24；《漢編》21）善（居 68.81；《漢編》21）

或有從「善（𦎫）」得聲之字作：

鄯（鄯，《居延簡甲》678；《篆隸》427）繕（繕，五鳳熨斗；《篆隸》937）繕（《居延簡甲》2443；《篆隸》937）繕（繕，《曹全碑》；《篆隸》937）繕（居 36.11；《漢編》82）膳（膳，武燕 37；《漢編》87）膳（武燕 47；《漢編》87）〔註24〕

可見「垂」、「善」二字字形比較相近，存在訛誤的可能。檢《荀子・王霸》云「濟之日不隱乎天下，名垂乎後世」，可證《荀子》一書中確可有此說法。再檢古書中亦有以下常見的相同或類似的表述：

《韓非子・姦劫弒臣》：內無亂臣之憂，長安於天下，而名垂後世。

《列女傳・賢明傳》：昔楚令尹子文之治國也，家貧國富，君敬民戴，故福結於子孫，名垂於後世。

《史記・越王句踐世家》：范蠡三遷皆有榮名，名垂後世。

《史記・伍子胥列傳》：向令伍子胥從奢俱死，何異螻蟻。棄小義，雪大恥，名垂於後世。

《史記・刺客列傳》：自曹沫至荊軻五人，此其義或成或不成，然其立意較然，不欺其志，名垂後世，豈妄也哉！

《漢書・蒯伍江息夫傳》：昔秦繆公不從百里奚、蹇叔之言，以敗其師，悔過自責，疾註誤之臣，思黃髮之言，名垂於後世。

《後漢書・虞傅蓋臧列傳》：昔晏嬰不降志於白刃，南史不曲筆以求存，故身傳圖象，名垂後世。

〔註24〕以上字形皆轉引自梁春勝：《俗體部件彙編》。

《後漢書·竇何列傳》：今將軍既有元舅之重，而兄弟並領勁
兵，部曲將吏皆英俊名士，樂盡力命，事在掌握，此天贊之時也。
將軍宜一為天下除患，名垂後世。

又《墨子·尚同中》云「聖人之所以濟事成功，垂名於後世者，無他故異
物焉」，文義並與《荀子》相近。

綜上，則《荀子·非相》此文可校讀為：

葉公子高，微小短瘠，行若將不勝其衣然。白公之亂也，令尹
子西、司馬子期皆死焉，葉公子高入據楚，誅白公，定楚國，如反
手爾，仁義功名善〈乑—垂〉於後世。

6. 敵、厭—敲

《韓非子·五蠹》云：

堯之王天下也，茅茨不翦，采椽不斲，糲粢之食，藜藿之羹，
冬日麑裘，夏日葛衣，雖監門之服養，不虧於此矣；禹之王天下也，
身執耒臿以為民先，股無胈，脛不生毛，雖臣虜之勞不苦於此矣。

王先慎說：

《御覽》八十引虧作敵，八百四十九及《北堂書鈔》一百四十
三引作厭，並誤。

蔣禮鴻先生說：

作「敵」作「厭」，皆「觳」字形近之誤。今本《韓子》作觳
（偉案：觳當為虧之誤），當是觳字誤為「敵」、「厭」等字之後校
者不得其義而以意改之。《史記·秦始皇本紀》及《李斯傳》引皆
作觳。〔註25〕

其實「敵」、「厭」與「觳」之字形並不相近。我們認為，「敵」、「厭」應該都
是「敲」的誤字。《戰國策·中山策》有「臣願之趙觀其地形險阻，人民貧富，
君臣賢不肖，商敲為資，未可豫陳也」語句，王念孫指出：

「敵」當為「敲」，字之誤也。「敲」即「商榷」之「榷」。「榷」
音古學反。「商榷」之「榷」通作「敲」，猶「榷擊」之「榷」通作
「敲」。《說文》：「榷，敲擊也。」《玉篇》苦角切。定二年《左傳》
「奪之杖以敲之」，《釋文》：「敲，苦孝反；又苦學反。」《說文》：

〔註25〕蔣禮鴻：《懷任齋文集》，上海古籍出版社，1986年，第196頁。

「毃，擊頭也。」《玉篇》口交、口卓二切。「摧」、「敲」、「毃」，三字古同聲而通用。凡從高從崔之字，古多通用。《說文》：「塙，堅不可拔也。」《玉篇》口角切，即《易》「確乎其不可拔」之「確」。《詩》「白鳥翯翯」，《孟子》作「鶴鶴」，皆其例也。言當觀其地形險阻、人民貧富、君臣賢不肖，商摧以為資，未可豫陳其說也。「商摧」猶「商較」也。「較」與「摧」古字通。《續漢書·律志》：「其可以相傳者，唯大摧常數而已」。「大摧」即「大較」。鮑彪解「商」字云「商較之」，是也。但未知「摧」之借作「敲」，譌作「敵」耳。《太平御覽·人事部》引此作「商摧為資」，是其明證矣。「摧」字古通作「敲」，因譌而為「敵」。《荀子·儒效篇》「退編百姓而慤」，《新序·襍事篇》「慤」作「敲」，今本譌作「敵」。《莊子·徐無鬼篇》，《釋文》引《三蒼》云：「摧，敲也。」今本亦譌作「敵」。《漢書·李廣傳》「自負其能，數與虜確」，《史記》作「數與虜敲戰」。「敲」，音古學反，故與「確」通。今本亦譌作「敵」。草書「敵」字作𢾅，「敲」，字作𣀷，二形極相似。〔註26〕

案王說至確，「敲」非常見之字，因與「敵」、「厭」形近，所以才會訛混。《說苑·善說》：「夫聲敵帝而困秦者，君也。」〔註27〕《三國志·蜀志·郤正傳》引桓譚《新論》作：「夫角帝而困秦者，君也。」〔註28〕「敵帝」之「敵」亦當為「敲」。「敲」與「角」，古音相近，得相假借。「敵〈敲〉帝」的上一字「聲」為衍文。蓋因「聲」字與從「殼」的字形近，又因與「敵〈敲〉帝」之「敲」音近，故誤衍「聲」字耳，我們知道古書像這樣的訛誤之例非常習見。〔註29〕

　　當然，「聲敵帝」或許應該是「聲〈殼〔註30〕—角〉{敲}帝」，因「敲」與「帝」音近以致誤衍，也是有可能的。

〔註26〕王念孫：《讀書雜志》，第 69 頁。

〔註27〕向宗魯：《說苑校證》，中華書局，2000 年，第 280 頁；劉文典：《說苑斠補》，收入《劉文典全集》（增訂本，第三冊），安徽大學、雲南大學出版社，2013 年，第 181 頁。

〔註28〕陳壽：《三國志》，中華書局，1998 年，第 1040 頁。

〔註29〕參蔡偉：《誤字、衍文與用字習慣——出土簡帛古書與傳世古書校勘的幾個專題研究》，復旦大學博士學位論文，指導教師：陳劍教授，2015 年 6 月。

〔註30〕也可能是從「殼」得聲的其他字。

綜上，今本《韓非子・五蠹》「雖監門之服養，不虧於此矣」，「虧」字類書引作「敲」、「厭」，當是「敲（穀）」字之誤，「敲（穀）」是「薄」的意思，與「虧」義相近。〔註31〕

7. 漸—澌

司馬遷《史記・越王句踐世家》贊語有下引一段話作：

禹之功大矣，漸九川、定九州，至於今諸夏艾安。

《集解》引徐廣曰：

漸者，亦引進通導之意也，字或宜然。〔註32〕

雖然「漸」字有「進」的意思，〔註33〕但並無「通導」之義。我們認為，《史記》此文的「漸」字很有可能是「澌」的誤字。《論衡・實知》「溝有流壐」，孫詒讓說：

壐當作澌，《四諱篇》云「出見負豕於塗，腐澌於溝」。《淮南子・泰族訓》「雖有腐髊流澌，弗能污也」，許注云：「澌，水〈氷〉也。」

莊逵吉據《御覽》校改澌為漸，與此誤同。〔註34〕

又《新撰字鏡・彳部》有下引一條：

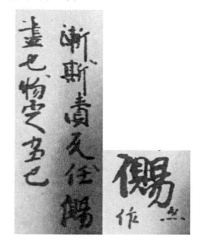

〔註31〕說見王念孫：《讀書雜志》，第77～78頁。

〔註32〕司馬遷：《史記》（第五冊），中華書局，2014年，第2118頁。

〔註33〕參王念孫：《廣雅疏證》，第46頁；又參宗福邦、陳世鐃、蕭海波：《故訓匯纂》，商務印書館，2003年，第1309頁。

〔註34〕孫詒讓：《札迻》，中華書局，2006年，第295頁。又「澌，水也」，楊樹達謂「水」字乃「氷」字之誤。轉引自何寧：《淮南子集釋》，中華書局，2010年，第1402頁。

張磊先生謂此條引自玄應《音義》卷七《諸菩薩求佛本業經》音義「盡傷」條：「又作漸，同，斯漬反。《方言》：『徎、傷，盡也。』物空盡也。」故《新撰字鏡》此條當校訂為：傷，亦作漸〈澌〉。斯責反。任〈徎〉、傷，盡也，物宄〈空〉☒（盡）也。〔註35〕

　　以上都是「澌」或從「澌」之字誤為「漸」的例子。

　　下面我們來看文獻中的一些關於大禹治水的記錄，大致有如下的描述：

　　《豳公盨》（吳鎮烽《商周青銅器銘文暨圖像集成》05677）：天命禹尃（敷／敷）土，墮山濬（濬）川。（案《說文》：「濬，深通川也。」）

　　上博二《容成氏》簡23+15+24：垔（禹）既巳（已）受命，乃茻（艸—草）備（服）𦬖（箬）箸（箬）、冒芙（蒲）𦭼（笠），手足胼（胼）【胝】，面軡（乾）鰖（齩），硻（脛）不生之毛，堲□（閭）㵞（灑）汈（沼—激）流。垔（禹）㮯（親）執枌（畚）𢀝（竢—耜），㠯（以）波（陂）明（盟）者（諸）之澤。〔註36〕

　　《尚書·皋陶謨》：予決九川，距四海，浚畎澮距川。

　　《國語·周語》：禹決汨九川。（韋昭注：汨，通也。）

　　《典略》：禹為司空，披九山，通九澤，決九川，定九州（唐·歐陽詢《藝文類聚》卷47職官部三）

　　《墨子·兼愛中》：古者禹治天下，……灑為九澮。

　　《孟子·滕文公》：禹疏九河，瀹濟漯，而注諸海；決汝漢，排淮泗，而注之江，然後中國可得而食也。

　　《史記·河渠書》云「禹抑鴻水，……九川既疏，九澤既灑，諸夏艾安」，又云「觀禹疏九江」，又《封禪書》言「禹疏九江」。

　　《十六國春秋》卷41《前秦錄九》有：妾聞天地之生萬物，聖王之治天下，皆因其自然而順之，故功無不成。是以黃帝服牛乘馬，因其性也；禹浚九川，障九澤，因其勢也。（又見司馬光《資治通鑒》卷104）

〔註35〕參張磊：《〈新撰字鏡〉研究》，中國社會科學出版社，2012年，第199頁。
〔註36〕參陳劍：《〈容成氏〉補釋三則》，收入復旦大學出土文獻與古文字研究中心編：《出土文獻與古文字研究》（第六輯），上海古籍出版社，2015年，第368～375頁。

通過對以上文獻的分析可知，其關於治理「九川」、「九河」、「九澤」、「九澮」，分別用「決」、「灑」、「疏」、「浚」等動詞。案「灑」與「疏」為一聲之轉，如《詩·小雅·角弓》「民胥效矣」，《潛夫論·班祿》、《白虎通·三教》並引作「民斯效矣」，是其證。「灑」、「疏」都是「分」的意思。檢《廣雅·釋詁一》「斯，分也。」王念孫《疏證》云：

> 斯者，《爾雅》：「斯，離也。」《方言》云：「齊陳曰斯。」《陳風·墓門篇》「斧以斯之」，毛傳云：「斯，析也。」《莊子·則陽篇》云「斯而析之」。《史記·河渠書》「乃廝二渠以引其河」，《集解》引《漢書音義》云：「廝，分也。」廝與斯通，今俗語猶呼手裂物為斯。《楚辭·九歌》「流澌紛兮將來下」，王逸注云：「澌，解冰也。」《方言》：「廝，散也。東齊聲散曰廝，秦晉聲變曰廝，器破而不殊其音亦謂之廝。」《集韻》引《字林》云：「甈，甖破也。」義並與斯通。〔註37〕

又《廣雅·釋詁三》：「廝、披，散也。」王念孫《疏證》云：

> 廝、披者，《方言》：「廝，散也。東齊聲散曰廝，秦晉聲變曰廝，器破而不殊其音亦謂之廝。」《集韻》引《字林》云：「甈，甖破也。」《漢書·王莽傳》「莽為人大聲而嘶」，顏師古注云：「嘶，聲破也。」廝、廝、嘶、甈並通。《爾雅》：「斯，離也。」《春秋繁露·度制篇》云：「是大亂人倫而靡斯財用也。」王逸注《九歌》云：「澌，解冰也。」義並與廝同。〔註38〕

則「灑」與《方言》的「廝」及《廣雅》的「斯」、「廝」音義並同。〔註39〕

尤其值得注意的是上博楚簡《容成氏》的「叄（禹）既巳（已）受命，……凱（闢）汃（灑）泅（沼—激）流」，與《史記·河渠書》的「禹抑鴻水，……九川既疏，九澤既灑，諸夏艾安」及《史記·越王句踐世家》「禹之功大矣，漸〈澌〉九川、定九州，至于今諸夏艾安」的文義、用字皆相類似。

綜上，司馬遷《史記·越王句踐世家》這一段話可校訂為：

> 禹之功大矣，漸〈澌—廝／灑／灑〉九川、定九州，至于今諸夏艾安。

〔註37〕王念孫：《廣雅疏證》，第 21 頁。
〔註38〕王念孫：《廣雅疏證》，第 108 頁。
〔註39〕可參楊樹達：《〈爾雅〉「大瑟謂之灑」說》，《積微居小學金石論叢》（增訂本），科學出版社，1955 年，第 214 頁。

8. 畏—長

《史記·刺客列傳》有下引一段話：

> 高漸離變名姓，為人庸保，匿作於宋子，久之，作苦，聞其家堂上客擊筑，傍徨不能去。每出言曰：「彼有善有不善。」從者以告其主，曰：「彼庸乃知音，竊言是非。」家丈人召使前擊筑，一坐稱善，賜酒。而漸離念久隱畏約無窮時，乃退，出其裝匣中筑與其善衣，更容貌而前。舉坐客皆驚，下與抗禮，以為上客。使擊筑而歌，客無不流涕而去者。

《索隱》云：

> 約謂貧賤儉約。既為庸保，常畏人，故云「畏約」。所以《論語》云「不可與久處約」。〔註40〕

頗疑「畏」當為「長」字之誤，二字字形相近，如：

畏 （銀 524；《銀編》308）

長 （A 雲夢·答問 208；《戰編》639）

檢《莊子·盜跖》云「必持其名，苦體絕甘，約養以持生，則亦久病長阨而不死者也」，《史記》之「久隱畏〈長〉約」與《莊子》「久病長阨」，其構詞方式類似。案《論語·里仁》引孔子曰：「不仁者，不可以久處約，不可以長處樂。仁者安仁，知者利仁。」《史記》言「久隱畏〈長〉約」，頗疑史公用《論語》語詞造詞，如《老子韓非列傳》有「屬書離辭」語，《史記正義》以「離辭，猶分析其辭句也」，王念孫謂「離辭，陳辭也。昭元年《左傳》『楚公子圍設服離衛』，杜注曰：『離，陳也。』是其證。枚乘《七發》云『比物屬事，離辭連類』，亦與此同」，錢鍾書先生以為王說「似遺毫髮之憾」，而說之云：

> 《禮記·曲禮》：「離坐離立，毋往參焉」，鄭注：『『離』、兩也，《正義》：「《易》象云：『明兩作離』」；《月令》：「宿離不貸」，鄭注：「『離』讀如『儷偶』之『儷』。」是「離詞」即排比儷偶之詞。《荀子·正名》篇：「累而成文，名之麗也」；《文心雕龍·麗辭》篇說「麗」之意曰：「支體必雙」，「事不孤立」；《太平廣記》卷一七三《王儉》則引《談藪》：「嘗集才學之士，累物而麗之，謂『麗事』，麗事自此始也。」「離」、「麗」、「儷」三字通；合此數節觀之，意義昭然，亦

〔註40〕司馬遷：《史記》（第八冊），第 3077 頁。

即《宋書・謝靈運傳・論》之「比響聯辭」。鋪「陳」之型式甚多，

可以星羅，可以魚貫；成雙列隊只「陳」之一道耳。〔註41〕

案諸家之說雖各有道理，然似皆未中肯綮。今案「屬書離辭」即用《詩・小雅・小弁》「不屬于毛，不離于裏」語詞造詞。「屬」，連也；「離」之言「麗」也。附著，依附之義。如《易・離》：「彖曰：離，麗也。日月麗乎天，百穀草木麗乎土。」故「屬書離辭」猶言「屬書連辭」。

9. 斷／断—料

王引之認為古代的「意」字有測度、商度之義，他引《商子・脩權篇》「釋權衡而斷輕重，廢尺寸而意長短」這句話，認為「廢尺寸而意長短」，就是「廢尺寸而度長短也」。〔註42〕

案王引之的說法是可信的，而《商君書》「釋權衡而斷輕重」這句與「廢尺寸而意長短」相對為文，寫本《群書治要》卷 36 引《商君書》作「**断**」（五／374 頁）。我們認為，《商君書》中的「斷」字，應該是「料」的誤字。王念孫在《致陳碩甫書》中有過這樣的論述：

> 凡字從斗者，古或作斤，故魁字誤作𪧐。《墨子・備穴篇》「罌容三十斗以上」，今本斗作斤。《說文》「秅」字注《周禮》「二百四十斗為秉」，今本斗作斤，此皆斗之訛為斤者也。《說卦傳》「為科上槁」，《釋文》：「科，虞作折。」《爾雅》「斛謂之䤅」，《釋文》斛作斯。《潛夫論・志氏篇》「已禿彭董妘曹斟芈」，今本斟作斯。《干祿字書》：「科，俗作折。」《史記・虞卿傳贊》「虞卿料事揣情」，《文選・高祖功臣頌》注引料作斷。《淮陰侯傳》「大王自料」，《新序・善謀篇》料作斷，《文選・宋玉〈對楚王問〉》「豈能與之料天地之高哉」，《新序・雜事篇》料作斷。蓋俗書料字作斵，斷字作断，二形相似，故料訛為斷。此皆從斗之字之訛從斤者也。〔註43〕

又《管子・小稱》曰：

> 匠人有以感斤欘，故繩可得料也。

王念孫說：

> 案料當為斷，斤欘所以斷繩，故曰繩可得斷。隸書料字作秚，

〔註41〕錢鍾書：《管錐編》（第一冊），中華書局，1996 年，第 310 頁。

〔註42〕王引之：《經義述聞》「曾是不意」下，第 149 頁。

〔註43〕羅振玉輯：《高郵王氏遺書》，江蘇古籍出版社，2000 年，第 155 頁。

其右邊與斷相似，俗書斷字作断，其左邊與料相似，故斷譌作料（亦
有料譌作斷者，《史記·淮陰侯傳》「大王自料」，《新序·善謀篇》
料作斷，是也）。《太平御覽·資產部三》引此正作斷。〔註44〕

《篆隸萬象名義·手部》：「据，據於反。手病也，新也。」（52A）呂浩《〈篆
隸萬象名義〉校釋》錄作「新」，並云：「新為料之俗字（見《龍龕手鑑·米
部》）。『新』義未詳。」（85頁）梁春勝先生指出：

> 按：「斗」「斤」俗書相混，所以「料」俗體確可寫作「新」，但
> 「据」古書無訓「料」者，所以《名校》之說可疑。我們認為此處
> 「新」並非「料」字，而是「斷」俗體「断」之訛。敦煌俗字「斷」
> 或作新（《敦典》94），《可洪音義》卷五《悲華經》第十卷音義
> 「非斷」條「斷」寫作新（59／720A），《名義·音部》：「師，
> 丈（才）帀反。新聲。」（88A）《玉殘》作「斷聲」（312），《名校》
> 以新為「斷」之誤（142B），皆其例。可見「新」既是「料」俗
> 體，又是「斷」訛俗字〔註45〕，要視具體語境才能確定其為何字俗
> 體。《玄應音義》卷一二《義足經》下卷音義：「不据：據於反。《廣
> 雅》：据，斷也。」（56／1001B）「据」字此訓不見於今本《廣
> 雅》，當為《廣雅》佚文，此當即《名義》所本。由此看來，《名義》此處
> 的「新」必是「斷」字無疑。〔註46〕

又《鹽鐵論·復古》「先帝計外國之利，料胡、越之兵」，王利器《校注》云：
料，猶言計量。《史記·韓信傳》：「大王自料勇悍仁彊，孰與項王？」《新序·
善謀》「料」作「斷」。《新序·雜事一》：「豈能與之斷天地之高哉？」《文選》
「斷」作「料」。則「料」又作斷定解。（89～90頁）蕭旭先生指出：

> 前說是，後說非也。《新序》二「斷」字，皆「料」字之誤。「斷」
> 俗字作「断」，「料」俗字作「新」，形近易誤也。《干祿字書》：「新、
> 料：上俗下正。断、斷：上俗下正。」《潛夫論·勸將》：「既無斷敵
> 合變之奇，復無明賞必罰之信。」《治要》卷44引「斷」作「料」。
> 《史記·白起王翦傳》：「白起料敵合變，出奇無窮。」《世說新語·
> 簡傲》：「比當相料理。」《御覽》卷249、498、《剡錄》卷3引並誤

〔註44〕王念孫：《讀書雜志》，第459頁。
〔註45〕參張涌泉：《史書俗字辨考五題》，載《語言研究》2004年4期。
〔註46〕梁春勝：《楷書部件演變研究》，線裝書局，2012年，第399頁。

作「斷理」。顧炎武曰：「魏《受禪碑》：『料敵用兵。』料作斲。王知敬《李衛公碑》：『運奇料敵。』料作斲……後人不知古人書法，妄改為斷。」 此皆「料」誤作「斷」字之例。《戰國策·韓策一》：「斷絕韓之上地。」《史記·張儀傳》：「斷韓之上地。」敦煌寫卷P.5034V《春秋後語》作「斲韓之上黨地」。此又「斷」誤作「料（斲）」字之例。《史記》之「料」，《漢書·韓信傳》、《漢紀》卷2、《通典》卷150、《通鑑》卷9並同。《文選·對楚王問》之「料」，《類聚》卷90、《長短經·論士》、《爾雅翼》卷13、《學林》卷8引同，《御覽》卷915引《楚辭》、又卷938引《春秋後語》亦同。石光瑛校《新序》卷1曰：「盧文弨曰：『斷疑蠿，《文選》作絕。』案蠿古絕字。本文斷字不當作絕解，斷有判決之義。《文選》作絕，正由斷字與絕古字形似而誤，盧氏反欲據以改本書，過矣。」盧既失之，石亦未得。〔註47〕

以上都是「斷」俗字作「断」，從而與「料」相近而訛誤之例。

又《論衡·宣漢》云「近與周家斷量功德」，「斷」也應該本作「断」，為「料」的俗訛字。

綜上，《商子·脩權篇》云「釋權衡而斷〈断—料〉輕重，廢尺寸而意長短」，「斷〈断—料〉輕重」、「意長短」，就是「量輕重」、「度長短」的意思。

〔註47〕蕭旭：《〈鹽鐵論〉校補》，收入《羣書校補（續）·傳世文獻校補》（第四冊），臺灣花木蘭文化出版社，2014年，第889～890頁。

四、郭璞《方言注》校字一則〔註1〕

　　晋代郭璞的《方言注》，不僅訓詁頗詳，而音讀尤審，是《方言》最早且又最重要的注本。但如同其他的傳世古書一樣，《方言注》在傳寫刊刻的過程中，訛誤也會經常產生。前脩如戴震、王念孫、周祖謨等學者在校勘方面都作出了較為突出的成績。但校書如掃落葉，掃已而落葉復至。本文就試圖利用俗字學和音韻學等知識來校正郭璞《方言注》中的一個誤字。

　　《四部叢刊》影印南宋慶元李孟傳刻本《方言》卷十：

諫不知也　此亦如聲之轉也　音廠眨江東曰眥

〔註 1〕此文收入《全國第二屆近代漢字學術研討會論文集》，浙江杭州，2018 年 11
　　　月 1 日～4 日。

戴震《方言疏證》云：

> 案「諫」各本訛作「諫」，今訂正。《玉篇》云：「諫，不知也。
> 丑脂、丑利二切。諫，同上，又力代切，誤也。」《廣韻》作「諫」，
> 以入脂、至韻者為「不知」，入代韻者為「誤」。此注云音「癡眩」，
> 與丑脂切合，「癡」多訛作「瘓」，曹毅之本不誤，以六書諧聲考之，
> 諫，從言黍聲，可入脂、至二韻，諫，從言來聲，應入代韻，不得
> 入脂、至韻，《玉篇》、《廣韻》因字形相近訛舛，遂溷合為一，非也。
> 知聲之轉，謂「知」與「咨」乃聲之變轉，各本知訛作如，今並訂
> 正。

我們認為戴震的校勘得失互見。

先來說得，戴改「諫」為「諫」，甚是，可以補充一些字形方面的證據：

1.「黍」字漢隸作「来」（新莽侯鉦，《隸辨》167B）、「耒」
（流廩 19，《漢草》118）等形，字形與「来」極近。〔註2〕

2. 俗書從「黍」之字，往往也寫作「来」，如《篆隸萬象名義》
「膝」作「胨」〔註3〕，「漆」作「涑」〔註4〕，「剩」作「利」。
〔註5〕

這些例子都足以證明「黍」可以訛作「来」。而我們知道形近之字，其訛
混往往也是雙向的，故本是從「來」的字又可誤作從「黍」，如「轉睞」、「角
睞」或誤為「轉膝」、「角膝」。〔註6〕「諫」、「諫」異字異音，如從「來」聲，
不當音丑脂、丑利二切。〔註7〕

〔註2〕參梁春勝：《楷書部件演變研究》，線裝書局，2012 年，第 298 頁。

〔註3〕《篆隸萬象名義》，臺灣台聯國風出版社，第 413 頁、第 1097 頁、第 1098 頁。

〔註4〕《篆隸萬象名義》，臺灣台聯國風出版社，第 564 頁；呂浩《篆隸萬象名義校
釋》錄作「涑」（164B），大誤。參鄧福祿：《〈篆隸萬象名義校釋〉匡補 53 例》，
《中國文字研究》，2011 年第 2 期。

〔註5〕《篆隸萬象名義》，臺灣台聯國風出版社，第 888 頁。

〔註6〕參周一良：《讀唐代俗講考》，收入《魏晉南北朝史論集》，中華書局，1963 年，
第 386 頁；又張永言：《詞語雜記》，收入《語文學論集》（增補本），語文出
版社，1999 年，第 230 頁，注①。

〔註7〕《廣雅·釋詁三》：「䴥，醯也。」曹憲音丁皆、多來二切，《篆隸萬象名義》：
「䴥，竹才反，醯也。」（317 頁）《孔雀經音義》：「䴥，竹才反，醯也、焦
〈嚼〉聲也。」（收入《古辭書音義集成》（第十一卷），日本汲古書院，1983
年，第 672 頁）。「䴥」，《廣韻》入平聲「十四皆」，音卓皆切，《新撰字鏡》：
「䴥，卓皆反，平，醯也，咋也。」（第 130 頁）《妙法蓮華經釋文》「䴥」，

再來說失，戴以「瘢眩」當依曹毅之本作「癡眩」，得到了周祖謨、華學誠等先生的認同，〔註8〕因為有版本上的證據，幾成定論。

但是我們檢靜嘉堂藏影宋抄本，郭注實作：

〔註9〕

則其描改之跡，尚宛然可見，〔註10〕也就是說，所謂的「癡」本來乃是

音竹皆反。（收入《古辭書音義集成》（第四卷），日本汲古書院 1979 年，第 105 頁）、《類聚名義抄》（風間書房，1996 年，第 571 頁）皆以「齂」為「齔」之正字，疑「齂」亦當本是從「泰」聲之字，「齊」聲、「泰」聲，一為脂部，一為質部，為陰入對轉。蒙張小艷老師告知：從上引文獻中「齂」的反切下字「皆、來、才」都為蟹攝皆、咍兩韻，竊以為其字仍當以「來」為聲符，並非從「泰」得聲。假如其字從「泰」得聲，何以文獻中未見其字寫作【齒泰】的呢？案張老師之說值得考慮，此當存疑。姑記於此，以待將來再發現更多的材料來解決。又《可洪音義》：誺勒，上多來反，此亦切身字也，字從彐、從來，與字同呼。《寶星經》作底履，又應和尚以膝字替之，私七反，非也。郭氏音來，亦非也。（卷3，A624a）「誺」亦本當從「泰」得聲。蒙張小艷老師指出：此說亦恐未必。

〔註8〕周祖謨說：「瘢眩」，戴本據曹毅之本作「癡眩」。案《原本玉篇》「誺」豬飢、丑利二反，宋本《玉篇》丑脂、丑利二切，戴校是也。說見周祖謨：《方言校箋》，中華書局，2004 年，第 61 頁；華學誠說：靜嘉堂藏影宋抄本作「癡眩」，戴校是也，當改作「癡眩」。參華學誠：《揚雄方言校釋匯證》，中華書局，2006 年，第 648～649 頁。

〔註9〕轉引自佐藤進編：《宋刊方言四種影印集成》，此書收錄於《中国における言語地理と人文・自然地理（2）》，平成9～11年度科學研究費基盤（A）研究成果報告書——第2分冊，1998 年，第 126 頁。蒙廣瀨薰雄及臺灣中研院史語所顏世鉉二位先生的幫助，得見此書，在此謹致謝意。

〔註10〕靜嘉堂影宋抄本多有描改之處，如卷十二（158 頁），「音影」，《四部叢刊》影印李孟傳刻本、東京大學東洋文化研究所所藏珂羅版宋刊本、遠藤氏所藏天壤閣翻刻本，皆作「音映」；又靜嘉堂影宋抄本多誤字，如卷六（94 頁）

「瘝」字；而曹毅之本，今已不知所終，然其為一晚出之影抄本則殆無可疑，〔註11〕所以從版本上講，其作「癡」者，乃是孤例，不得據以校宋本《方言》。

其實仔細觀察，「癡」、「瘝」二字的字形也不相近，產生訛誤的原因恐怕只有出於人為的妄改。

本來按照一般的常識，都應該像戴震、盧文弨等學者一樣，選擇「癡眩」，原因很簡單，因為「瘝眩」，其中任何一字的字音與「諫〈諫〉」都不相近，而且「瘝眩」亦不辭。但問題是：「癡」與「諫〈諫〉」，古音其實也並不相近，一則為之部字，一則為脂部字，這是讓我們產生懷疑的一個主要原因，除非如盧文弨及吳承仕那樣，認為「諫」字不誤。〔註12〕但這顯然是難以成立的。

現在我們試著換一個角度來思考問題，假設「瘝眩」之「瘝」不誤，而「眩」為誤字，這個誤字本來是脂部字，並且與「瘝」連文，為一個固定的詞。

經過考察、求證，我們認為，只有「胝」字最為符合條件。字形方面，「氏」字俗書或作「玄」，如《可洪音義》「坘」或作「𡎨」（59／750A），《龍龕・火部》「𤓰（氏），舊藏作玄。」（240）「玄」即「氏」字，又「低」俗或作「伭」（《疑難字》29）。〔註13〕又從目從月形近訛混。〔註14〕

而古書每以「瘝胝」連言。如《說文・肉部》：「睡，瘝胝也。」〔註15〕

「甌越田卬吳曰𡡾」，其他三本並作「甌越曰卬吳曰𡡾」；卷七（105頁）「猶今云齊度」，其他三本並作「猶今云濟度」；卷十（126頁）「崽音來」，其他三本並作「崽音臬」；卷十三（165頁）「謂動竹也」，其他三本並作「謂動作也」。相比之下，靜嘉堂影宋抄本《方言》，顯非善本。

〔註11〕如周祖謨就認為是明代影抄本。見周祖謨：《方言校箋・自序》，中華書局，2004年，第16頁。

〔註12〕盧文弨、吳承仕之說，可參見華學誠：《揚雄方言校釋匯證》，中華書局，2006年，第648頁。

〔註13〕參梁春勝：《楷書部件演變研究》，第105頁；又元人左克明《古樂府》「鉉鉾」之「鉉」當為「鈨」。這也是從「玄」從「氏」形近訛誤之例。參李家浩：《讀書札記四則》，收錄於吳榮曾主編：《盡心集——張政烺先生八十慶壽論文集》，中國社會科學出版社，1996年，第331～334頁；又從「玄」從「氏」訛誤是雙向的，故從「玄」之字也誤作從「氏」，參王念孫：《讀書雜志》「祗禍」下，江蘇古籍出版社2000年，第594頁。

〔註14〕例證參梁春勝：《楷書部件演變研究》，第363頁。

〔註15〕段玉裁改「瘝胝」為「跟胝」，大誤。見《說文解字注》，上海古籍出版社，1991年，第171頁。日本藏寫本《孔雀經音義》：「睡覺，睡，是偽反，寐也。竹垂反，瘝眠也。覺，古孝反。」案「竹垂反，瘝眠也」當為「睡」字之音義，而「胝」誤作「眠」，則義不可通。《孔雀經音義》，收入《古辭書音義集成》（第十卷），日本汲古書院，1983年，第475頁。

《篆隸萬象名義》同，作：

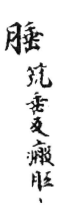

（407；67上）

宋代蘇軾的《石鼓歌》也說：

模糊半已似瘢胝，詰曲猶能辨跟肘。

皆可為證。可見從漢一直到宋，「瘢胝」都是古人的習語。那末，晉代的郭景純注《方言》，以「瘢胝」連言，就一點兒也不足怪了。

再來看注音體例，我們知道，以複音詞作擬音時，既可以是複音詞的第一個字，以郭注《方言》為例（用周祖謨《方言校箋》本），如：

傑音邛竹（48頁）

眅音瞋恚（49頁）

小而深者謂之槧，音邛竹（59頁）

螻蛄謂之螻蛄，音窒塞（69頁）

埝，下也。音坫肆（83頁）

摲，格也。音禁忌（84頁）

也可以是第二個字，如：

禪衣，江淮南楚之間謂之褋，音簡牒（26頁）

裯音慢惰（28頁）

所以注斛，陳魏宋楚之間謂之籅，音巫覡（34頁）

㑒，……齊楚江淮之間謂之㹸，音悵快，亦音車軮（36頁）

陁，壞也，音蟲豸（41頁）

欨，或音塵埃（67頁）

搴，戴也。音釘鍋（76頁）

健音鞭撻（82頁）

又可以省「音」字，如：

梗，魚鯁（15 頁）

莌，鈴鐃（20 頁）

澗，湯澗〈爛〉（22 頁）

佚，蹉跌（22 頁）

盎，書卷（32 頁）

械，封緘（32 頁）

盉，酒釀（32 頁）

箸筥，陳楚宋魏之間謂之筲，鞭鞘（33 頁）

鎣謂之甀，鼓鼙（34 頁）

坁，水泜，坥，癃疽（43 頁）

噬，卜筮（48 頁）

煦，州呼〈吁〉（49 頁）

弓【藏】謂之鞬，或謂之韇【丸】，牛犢（58 頁）

湴，或也。酒酣（66 頁）

譬，梟鷩（67 頁）

諻，從橫（78 頁）

躝，踊躍，拚，拯拔（80 頁）

湍，波湍（80 頁）

又《說文》曰：

胅，腫也。

其音為竹尼切。《名義》訓同，作：

（407；67 上）

《原本玉篇》「誺〈諑〉」音豬飢反，是「誺〈諑〉」、「胝」二字音同，故郭注以「瘢眩〈胝〉」之「胝」擬音「誺〈諑〉」。《集韻‧脂韻》「胝」、「諑」並音張尼切（《宋刻集韻》13A），亦可為證。〔註16〕

由此可見，我們的改字，在語音、詞義及擬音體例上皆無窒礙，較舊說似更勝一籌。

最後，根據上述，再綜合各家意見，我們把《方言》及郭注訂正為：

> 誺〈諑〉，不知也。

郭璞注：

> 音瘢眩〈胝〉。江東曰咨，此亦如〔註17〕聲之轉也。

附記：

此文大約作於 2013 年，當時曾給陳劍、張小艷、梁春勝諸先生看過。後讀到張錦少先生《王念孫古籍校本研究》一書，引上海圖書館藏王念孫《方言》校本，其中「瘢眩」二字，張錦少引作「『瘢挋』，『挋』改作『胝』」。

條號	《方言》、郭《注》	《方言》校本	《疏證補》、《廣雅疏證》
10.1	婬、愓、遊也。江沅之間謂恣婬。	"婬"並改作"嬬"	同校本
10.3	（注）恐恑多智也。	"恐恑"改作"恐怰"	同校本
10.5	（注）音瘢挋。	"挋"改作"胝"	未引

〔註18〕

案「挋」應作「眩」，而「胝」應作「胝」。據此則知郭璞《方言注》中「瘢眩」一詞，清代的訓詁、音韻學大師王念孫則早已正確地校正出來了。

〔註16〕此蒙梁春勝先生提示。

〔註17〕「如」，戴震改為「知」，盧文弨改為「癡」，認為「癡」字俗作「痴」而脫其畫。靜嘉堂影宋抄本作「痴」。參《揚雄方言校釋匯證》，第649頁。案靜嘉堂影宋抄本作「痴」，為後人之描改，不足據，《玉篇殘卷》、《新撰字鏡》皆作「如」，故疑諸家之所改，殆不可從。未詳，俟考。

〔註18〕張錦少：《王念孫古籍校本研究》，上海古籍出版社，2014年，第124頁。

五、據戰國文字「亙、亞相混」現象校讀古籍（二則）〔註1〕

　　在戰國楚文字中，從「亙」從「亞」之字，形、音皆近，往往相混。〔註2〕隨著出土文獻的不斷增加，這種現象已經越來越被學者們所承認。〔註3〕在傳世的先秦古書中，我們也發現了從「亙」從「亞」混用的例子。現列舉如下。

〔註1〕此文首發於武漢大學簡帛網，http://www.bsm.org.cn/show_article.php?id=533，2007 年 3 月 11 日；又見於蔡偉《讀書叢札》第十六則，收入上海復旦大學出土文獻與古文字研究中心編：《出土文獻與古文字研究》（第三輯），復旦大學出版社，2010 年，第 508〜509 頁。

〔註2〕詳細的討論，可參裘錫圭：《是「恒先」還是「極先」》，收入《裘錫圭學術文集‧5》，復旦大學出版社，2012 年，第 326 頁；又參廖名春：《郭店楚簡老子校釋》，清華大學出版社，2003 年，第 244〜246 頁；又張新俊《新蔡葛陵楚墓竹簡文字補正》，「簡帛研究」網站，http://www.jianbo.org//admin3/html/zhangxinjun01.htm；又漢代簡帛文字，如馬王堆帛書《易傳》以「大恒」為「太極」，也是因為「恒」為「極」形、音俱近，以致混用。

〔註3〕如《上海博物館藏戰國楚竹書（九）》所收錄的《禹王天下》，講述了禹治水之事，其中簡 31-32 有下列一段話（釋文用寬式）：「禹吏（使）民以二和，民乃盡力。百洲（川）既道，天下能亙」。整理者讀為「天下能恒」，解釋為「天下能太平長久」。我們從竹簡《禹王天下》的用韻來看：「二曰」一段文字以德、或（國）、力為韻，達、姿（伐）為韻。「一曰」一段文字前面以百、鯰為韻，而「禹吏（使）民以二和，民乃盡力。百洲（川）既道（導），天下能亙」一句夾在其間，則「亙」字無疑地也是用為「亞」而讀為「極」的，以與「力」字押韻。說見蔡偉：《釋「百丩旨身鯰鯰」》，復旦大學出土文獻與古文字研究中心網站，http://www.gwz.fudan.edu.cn/SrcShow.asp?Src_ID=1993，2013 年 1 月 16 日。又參見蔡偉《誤字、衍文與用字習慣——出土簡帛古書與傳世古書校勘的幾個專題研究》附錄「《〈上博九‧禹王天下〉校釋一則》」，復旦大學博士學位論文，指導教師：陳劍教授，2015 年 6 月，第 179〜180 頁。

1. 未始有恆

《莊子·天地》有下引一段話：

> 彼且乘人而無天，方且本身而異形，方且尊知而火馳，方且為緒使，方且為物絯，方且四顧而物應，方且應眾宜，方且與物化，而未始有恆。夫何足以配天乎？〔註4〕

案：「未始有恆」，應該是「未始有極」。「未始有極」，乃古之成語。其屢見於道家文獻，如《莊子·大宗師》：「若人之形者，萬化，而未始有極也。」又《田子方》：「且萬化，而未始有極也。」《文子·九守·守樸》：「故形有靡而神未嘗化，以不化應化，千變萬轉，而未始有極。」《淮南子·俶真》：「若人者，千變萬化，而未始有極。」又《精神》：「千變萬抮，而未始有極。」賈誼《鵩鳥賦》亦云「千變萬化兮，未始有極」，皆可以為證。

2. 極自然

《文子·精誠》有一段話說：

> 冬日之陽，夏日之陰，萬物歸之，而莫之使，極自然。〔註5〕

案：馬王堆帛書《老子》曰：「夫莫之爵，而恒自然也。」傳世本多作「莫之爵（或作命），而常自然」。又《莊子·繕性》云「莫之為，而常自然」。是「莫之□，而恒（常）自然」，乃古人之一固定句式。則《文子》之「而莫之使，極自然」，應該就是「而莫之使，恒自然」。

根據《文子》，我們還可以校正《淮南子》中的一處脫文。《淮南子·主術》曰：「冬日之陽，夏日之陰，萬物歸之，而莫使之然。」即本於《文子》。其中「莫使之然」，當依《文子》作「而莫之使，極（恒）自然」。（高誘注曰：「莫使之，自然如是也。」則所見本，蓋尚未脫「極〔恒〕自」二字。參附記沈培先生《復書》②。）「〈治要〉、〈意林〉無『極自然』三字」，〔註6〕乃脫

〔註4〕王叔岷：《莊子校詮》，中華書局，2007年，第424頁。

〔註5〕《通玄真經》卷二，第6頁，上海書店影印《四部叢刊三編子部》（五九），1985年12月。

〔註6〕王叔岷《文子斠證》說：「案〈治要〉引作『而莫之使也。』無『極自然』三字，疑是舊注之竄入正文者。〈意林〉引作『而莫使。』亦無『極自然』三字。」中華書局，2007年，第498頁；《鄧析子·無厚》作「為君，當若冬日之陽，夏日之陰，萬物自歸，莫之使也。恬臥而功自成，優遊而政自治。豈在振目搤腕，手據鞭撲，而後為治與？」亦脫「極自然」三字。又「振目搤腕」即「瞋目扼腕」（《呂氏春秋·觀表》「管青相牘肠」，畢沅謂李善注《文選》、《御

之尤甚者也，並當據《文子》補正。

附記：

小文寫成後，曾寄給沈培先生，蒙先生是正，謹致謝忱。現將沈先生《復書》有關內容錄於下：

關於第二則，似有稍可注意者。① 按照尊說，《文子》當斷句為：而莫之使，極〈恒〉自然。參看《呂氏春秋·孝行覽·義賞》：「春氣至則草木產，秋氣至則草木落。產與落，或使之，非自然也。」可見「莫之使，恒自然」跟「或使之，非自然也」語義正相反。② 高誘解「莫使之，自然如是也」，並不能證明其所見本未脫「恒自然」之語，其言「自然如是也」乃解釋「莫使之」也。③有意思的是，學術界對《文子》與《淮南子》的關係向來有爭論，有人說《文子》抄《淮南子》，有人說《淮南子》抄《文子》。從先生所校這兩句看，大概可以說明不可能是《文子》抄《淮南子》。此前已有人對《文子》未抄《淮南子》舉出了不少證據，先生此例可為補充。

覽》引並作「唇吻」。案：脤當作膹，讀為唇。「凡字之從真聲辰聲者，往往通借。」參《經義述聞》「蠡或為謨」下，江蘇古籍出版社，2000年9月，第208頁。）

六、古文獻中所見「危、免互訛」之例〔註1〕

《廣雅‧釋言》：

> 免，隤也。

王念孫曰：「免，當為臽，臽，古陷字也……」〔註2〕。

案：《原本〈玉篇〉殘卷》引《廣雅》曰：「危，隤也。」〔註3〕又《篆隸萬象名義》〔註4〕《廣韻》〔註5〕並曰：「危，隤也。」則《廣雅》的「免」，應該就是「危」的誤字。

「危」「隤」皆為傾斜之義。「危」，或作「詭」「佹」「恑」「觤」。《廣雅》「隤，衺也。」〔註6〕郭店《老子》「明道女（如）孛（費），遲（夷）道女（如）繢，【進】道若退。」〔註7〕「繢」，當讀為「隤」，傳世本作「類」、作「纇」，並聲近而義同。

〔註1〕此文首發於復旦大學出土文獻與古文字研究中心網站，http://www.fdgwz.org.cn/Web/Show/520，2008/10/4。

〔註2〕王念孫：《廣雅疏證》，中華書局，1983年，第154頁、第429頁；又請參徐復主編《廣雅詁林》引錢大昭、王樹枏、王士濂、張洪義、陳邦福等關於「免，隤也」的解說。江蘇古籍出版社，1992年，第403頁；又胡吉宣《〈玉篇〉引書考異》謂『『危，隤也』乃《釋言》篇逸文」，非是。《中華文史論叢》增刊《語言文字研究專輯（上）》，上海古籍出版社，1982年，第114頁。

〔註3〕《原本〈玉篇〉殘卷》，中華書局，1985年，第469頁。

〔註4〕《篆隸萬象名義》，中華書局，1995年，第221頁。

〔註5〕《廣韻校本》，中華書局，1988年，第51頁。

〔註6〕《廣雅疏證》，第70頁。

〔註7〕李家浩：《關於郭店老子乙組一支簡的拼接》，《中國文物報》1998年10月28日第三版。

下面，我們看《淮南子》中「危」誤為「免」的兩個例子。

（一）

《齊俗》曰：

> 民困於三責，則飾智而詐上，犯邪而干免。〔註8〕

《文子·下德》作「民困於三責，則飾智而詐上，犯邪而行危。」王利器《文子疏義》曰：「敦煌卷子『智』作『知』，『邪』作『禁』，『危』作『免』，與〈淮南子〉合。」〔註9〕

　　案：《齊俗》又曰：「夫饑寒並至，能不犯法干誅者，古今未之聞也。」〔註10〕又高誘注《氾論》「唐虞有制令而無刑罰」曰：「民無犯法干誅，故曰無刑也。」〔註11〕「犯邪而干危」與「犯法干誅」同一句法，干亦犯也（許慎注：「干，求也。」非是。）故《齊俗》的「免」，當從《文子》作「危」（《主術》（100 頁）『臨死亡之地，犯患難之危。』）

（二）

《說林》曰：

> 須臾之間，俛人之頸。

高誘注：

> 俛，猶戾也。〔註12〕

案：諸書無訓「俛」為戾者，如高注，則正文、注文並當作「佹」。《詩·大雅·皇矣》「四方以無拂」，鄭箋：「拂，猶佹也。言無復佹戾文王者。」《釋文》：「佹，九委切，戾也。」〔註13〕又《玉篇》《廣韻》並曰：「佹，戾也。」〔註14〕

〔註 8〕《淮南子》，上海古籍出版社，1989 年，第 119 頁。

〔註 9〕王利器：《文子疏義》，中華書局，2000 年，第 408 頁。

〔註10〕《淮南子》，第 121 頁。原作「古今之未聞也」，劉文典曰：「〈群書治要〉引及宋本，並作『古今未之聞也。』」案《繆稱》（103 頁）亦有「古今未之聞也。」今據改。

〔註11〕《淮南子》，第 138 頁。

〔註12〕《淮南子》，第 184 頁。

〔註13〕《毛詩正義》，《十三經注疏》，上海古籍出版社，1993 年影印清阮元刻本，第 522 頁。

〔註14〕《大廣益會玉篇》，中華書局，1987 年，第 15 頁；周祖謨：《廣韻校本》，中華書局，1988 年，第 244 頁。

下面，我們再看「免」誤為「危」的例子。

《戰國策·魏策三》有「危隘之塞」。案：《馬王堆漢墓帛書》作「冥卮」〔註15〕。古書中或作「澠隘」、「黽隘」。我們認為：「危」即「免」的誤字。「免」與「冥」、「澠」、「黽」古音相近，故可以通借。〔註16〕

附記：

《史記·周本紀》曰：「白魚躍入王舟中，武王俯取以祭。」《尚書大傳》、《藝文類聚》、《詩·周頌·思文》正義、《太平御覽》並作「跪取」，可能本是「佹」字（「佹」讀為「跪」），而誤作「俛」，後人又改成「俯」了。附記於此，以待再考。

梁春勝先生告訴我，《篆隸萬象名義》和《可洪音義》中也有「危」、「免」互訛的例子：

兔（《名義·虫部》257B「蝯」）**兒**（《名義·口部》43B「嘻」；《名校》71B）**詭**（詭，《名義·虫部》258B「蜲」）**貺**（貺，《名義·貝部》260B）**挽**（桅，《可洪》59／834b）：**危**（俛，《可洪》60／239b）〔註17〕

謹向梁先生表示感謝！

〔註15〕《馬王堆漢墓帛書（三）》，文物出版社，1983年，第52頁。

〔註16〕唐蘭先生說：「冥之本義當如幎，像兩手以巾覆物之形，並假為矧。」《天壤閣甲骨文存考釋》，輔仁大學，1939年，第60頁。

〔註17〕參梁春勝：《楷書部件演變研究》，復旦大學2009年博士學位論文（指導教師：張涌泉、施謝捷），第240頁。

七、古文獻中所見從「勹」從「夕」訛誤之例〔註1〕

頃獲讀《漢字漢語研究》2020 年第 4 期（總第 12 期）王寧先生《〈釋名〉中用為「液」的「汋」字旁議》的文章（以下簡稱「王文」），王文認為《釋名》中用為「液」的「汋」字當是從水与聲的字，即「液」的異體或俗字，後在傳抄中或被改正作「液」，或因「勹」「与」形近訛作「汋」，此字形遂失。

對於王文的說法我們有不同的意見。我們認為，古書中以「汋」為「液」的現象，其中的「汋」應為「汐」的俗訛字。〔註2〕凡從「勹」從「夕」之字，因形近而往往相溷，可參梁春勝先生《俗體部件研究與疑難俗字考釋》（線裝書局，2007 年，第 366 頁）一書，如梁先生指出《龍龕·心部》「忉」俗作「忋」、《尢部》「尥」俗作「尦」、《木部》「杓」俗作「杈」等等。

此外，如「颮」之作「颰」；「䚟」之作「䚡」〔註3〕，凡此皆為從「勹」從「夕」之字形近訛混之例。

又《抱朴子內篇·對俗》有下引文句作：

抱朴子答曰：聞之先師云，仙人或昇天，或住地，要於俱長生，去留各從其所好耳。又服還丹金液之法，若且欲留在世間者，但服

〔註1〕此文首發於復旦大學出土文獻與古文字研究網站，http://www.fdgwz.
org.cn/Web/Show/4756，2021/1/25。

〔註2〕小文於網上發表後，張鉉先生提示我：「液」為何簡化為「汐」？其實這個「汐」應是「液」之簡化俗字，與「潮汐」之「汐」同形，應該就讀為「液」。

〔註3〕楊寶忠《大型字書收錄傳世文獻漢字存在的問題》校「䚟」作「䚡」，見《漢字研究》（第 1 輯），學苑出版社，2005 年，第 115 頁。

半劑而錄其半。……若委棄妻子，獨處山澤，邈然斷絕人理，塊然與木石為鄰，不足多也。昔安期先生龍眉寧公修羊公陰長生，皆服金液半劑者也。

其中「又服還丹金液之法」、「皆服金液半劑者也」，《古寫本抱朴子》（日本大正十二年（1923 年）田中慶太郎影寫本）分別作：

即以「汐」為「液」，尤為明證。

又《正統道藏》「洞神部·眾術類」收有《神仙金汋經》，其中有云：

金汋還丹，太一所服而神仙，白日昇天者也。

孫詒讓《札迻》卷十《抱朴子·微旨》條認為《神仙金汋經》乃晉宋間人依傅此書叚託為之。〔註4〕

此後道家文獻中亦多所見「金汋」一詞，如梁朝陶弘景《真誥·甄命授》云：

後服金汋而升太極。

〔註 4〕孫詒讓：《札迻》，中華書局，2009 年，第 384 頁。

當復十許年後，閉目乃奄見昆侖，存之不止，遂見仙人授以金汋之方，遂以得道。

若得金汋神丹，不須其他術也，立便仙矣。

又北宋張君房《雲笈七籤》卷六七云：

以金汋和黃土內六一泥甌中，猛火炊之，盡成黃金，復以火灼之，皆化為丹。

又卷十九云：

某甲願求太一神丹如金汋可飲食者，常在絳宮中與己合同。

凡此「金汋」皆即「金汐（液）」之誤。

又王文引《釋名》中《釋形體》云：

汋，澤也，有潤澤也。

自臍以下曰水腹，水汋所聚也。

脬，鞄也；鞄，空虛之言也，主以虛承水汋也。

《釋飲食》云：

吮，循也。不絕口，稍引滋汋，循咽而下也。

又引敦煌寫卷《想爾注老子道德經》卷上（S.6825V）：「散若冰將汋」，饒宗頤先生校云：

「汋」字，玄本、遂碑同，他本作「釋」。

凡此「汋」亦皆為「汐（液）」之誤字。

又《楚辭·招魂》：「瑤漿蜜勺，實羽觴些。」王逸注曰：「勺，沾也。」五臣注曰：「勺，和也。」似皆不合語意。頗疑「勺」乃「夕」之誤，「夕」「液」古音相近，「瑤漿蜜勺〈夕（液）〉」，猶道家文獻中的「瓊漿玉液」。

2013 年於復旦讀書期間，初讀寫本《抱朴子》，即立此說，匆匆無暇寫就，今見王文，遂引起興致，為之說之如上，敬請讀者正之。文獻中此例必不少見，惜讀書不廣，不能一一勾稽考校而會集一處，實為憾事。

八、《鬼谷子》校字二則

1. 若磁石之取鍼

《鬼谷子・反應》有下引一段話：

> 其察言也不失，若磁石之取鍼，舌之取燔骨，其與人也微，其
> 見情也疾。

案《鬼谷子》此文有韻，故「鍼」當為「鐵」之誤字。此文以失、鍼〈鐵〉、骨、疾為韻。與《素問》「冬日在骨，蟄蟲周密，君子居室」押韻相類，都是以質物合韻。〔註1〕江有誥《先秦韻讀》未能指出「鍼」為誤字，故未以此「鍼〈鐵〉」字入韻。〔註2〕

「鍼」「鐵」形近，故二字古書往往訛混，如《淮南子・道應》：「豐水之深，千仞而不受塵垢，投金鐵鍼焉，則形見於外。」王念孫說：

> 「金鐵」下不當有「鍼」字，「鍼」即「鐵」之誤也，「鐵」或
> 省作「鐡」，形與「鍼」相近，今作「金鐵鍼」者，一本作「鐵」，
> 一本作「鍼」，而後人誤合之耳。……〔註3〕

就是例證。

案傳世古書中「磁石」多與「鐵」相呼應，如：

〔註1〕參王念孫：《素問合韻譜》，轉引自錢超塵《以上古音校勘〈黃帝內經〉》，《〈黃帝內經〉高峰論壇暨全國第十一屆內經學術年會會議彙編》，北京中華中醫藥學會，2011年10月1日，第83頁。

〔註2〕參江有誥：《先秦韻讀》，見江有誥：《音學十書》，收入嚴式誨編：《音韻學叢書》（第十一冊），國家圖書館出版社，2011年，第324～325頁。

〔註3〕王念孫：《讀書雜志》，江蘇古籍出版社，2000年，第878頁。

1.《漢書·藝文志》：至齊之德，猶慈石取鐵。

2. 晋·陳壽《三國志·管輅傳》注引《輅別傳》：若磁石之取鐵，不見其神而金自來，有徵應以相感也。

3. 董仲舒《春秋繁露·郊語》：慈石取鐵。

4.《淮南子·覽冥》：若以磁石之能連鐵也，而求其引瓦則難矣。物固不可以輕重論也。夫燧之取火於日，磁石之引鐵，蟹之敗漆，葵之鄉日。

5.《淮南子·說山》：慈石能引鐵，及其於銅則不行也。

6.《呂氏春秋·秋紀》：慈石召鐵，或引之也。

《玉篇殘卷》引《呂氏春秋》作：礠石拈（？）〔註4〕鐵。（）（523 頁）

7. 唐釋慧琳《一切經音義》卷二、卷四九並引「礠石，俎茲反，《埤蒼》：礠石謂召鐵者也」。

8.《北山經》：「匠韓之水出焉，而西流注於泑澤，其中多磁石。」郭璞云：「可以取鐵。」〔註5〕

慈石、磁石或作承石、蒸石：

1.《太平御覽》卷807引《春秋考異郵》曰：「承石取鐵，瑇瑁吸褚。」原有注：「類相致也。褚，芥也。褚音若。」

〔註 4〕蒙張小艷老師告知：「拈」字疑為「招」之手寫形訛。今按：「拈」疑是「玷」字手寫體。如《名義》「劚」，其中的「玷」字與「拈」極近，可以為證。

〔註 5〕《宋本山海經》，國家圖書館出版社，2017 年，第 68 頁。

　　2. 宋・羅泌《路史》卷六前紀六：承石取鐵，毒冒嚙蛞。〔註6〕

　　3.《太平御覽》卷813引《春秋繁露》曰：蒸石取鐵，非人意

也；禍福所從生，亦非人意乎？

皆可以為證。

　　古書中多見「磁石」與「鍼」相呼應者，其中「鍼」字即「鐵」之誤字，

如：

　　1. 王充《論衡・亂龍》：桓君山亦難以頓牟磁石，不能真是，

何能掇鍼取芥？頓牟掇芥，磁石引針，皆以其真是，不假他類。

〔註7〕

　　2.《太平御覽》卷51引《抱朴子》曰：磁石引針。

其「針」字蓋本皆應為「鐵」，由於「鐵」先誤成「鍼」，後又改作「針」矣。

　　「鍼」、「鐵」形近訛誤是雙向的，上面介紹的都是「鐵」誤為「鍼」的，

而古書中也有「鍼」之誤為「鐵」者：

　　如《說文》曰：

　　　鐅，羊箠也。耑有鐵。〔註8〕

「耑有鐵」，王念孫謂當作：「耑有鍼。」〔註9〕正確可從。

　　《名義》曰：

〔註6〕案原文有韻，故「裾」字疑當作「秸」，或是從「吉」得聲之字（蒙梁春勝
　　　先生告知：「裾」疑是「秸」之訛）。《路史》作「嚙蛞」，「蛞」當是「蛞」
　　　字，並即《論衡》之「芥」；「吉」、「芥」音近，而「吉」、「若」形近，故明
　　　其誤。「璹／蟱／毒蝐」即「頓牟」，「璹／蟱／毒」與「頓」／「毒」聲與
　　　「屯」聲，按亦幽覺部與文部關係，猶「雕」之與「敦」之類等。「《廣韻》、
　　　《集韻》徒沃切，《正韻》徒谷切，並音毒」（《康熙字典》）。所謂「玳瑁」
　　　應是此物之另一名，「璹／蟱」之音「代」與其音不合，應屬晚起之「同義
　　　換讀」。
〔註7〕楊寶忠：《論衡校箋》，河北大學出版社，1999年，第529頁。此文亦協韻，
　　　黃暉（《論衡校釋》（第三冊），中華書局，1990年，第695頁）謂「針」疑作
　　　「鐵」，可從。
〔註8〕段玉裁：《說文解字注》，上海古籍出版社，1991年，第713頁。
〔註9〕王念孫：《段氏說文簽記》，收入李宗焜主編：《高郵王氏父子手稿》，臺北中
　　　央研究院歷史語言研究所，2000年，第154頁。

（756；141 下）

　　案「鐵」為「鐵」之俗字，在此亦當作「鍼」，《說文》：「笍，羊車騶箠也。箸箴其耑長半分。」（《段注》196 頁）《淮南子·道應》作「錣」，高曰：「策，馬捶，端有針，以刺馬謂之錣。」「錣」與「笍」音義皆同。故《名義》應錄為：

　　　　笍，徵衛反，杖頭有鐵（鐵）也，錣字。〔註10〕

呂浩錄作：

　　　　笍，徵衛反。杖頭有鐵也，錣也。（232A）

非是。

2. 塞窞

　　《鬼谷子·摩篇》有下引文句：

　　　　故微而去之，是謂塞窞、匿端、隱貌、逃情，而人不知，故能

〔註10〕　「錣字」之「字」，原作「、」，蒙梁春勝先生告知：《名義》中的「、」號表示多種含義，此處當是表示溝通異體，可以讀作「字」。參梁春勝《楷書部件演變研究》，北京：線裝書局，2012 年，354 頁；石瑛《〈篆隸萬象名義〉中用如「字」字的「、」號》，《蘭州教育學院學報》，2012 年第 5 期。《名義》

　　　　（629；114 下），呂浩錄作：窠，口和反。邁字，巢也，又蔕也。（186B）今按：「邁」即「蔕」之誤寫而未刪除者。而「又蔕、」，亦當錄作「又蔕字」（此蒙陳劍先生告知）。

成其事而無患。〔註11〕

陶弘景注云：

> 君既所為，事必可成，然後從之。臣事貴於無成有終，故微而
> 去之爾。若己不同此計，令功歸於君，如此可謂塞窌匿端，隱貌逃
> 情，情逃而窌塞，則人何從而知之？人既不知所以息其所僭妒，故
> 能成事而無患也。

蕭旭先生說：

> 按：胡式鈺曰：「塞竅者，窺人於微，不招嫌忌也。《鬼谷子·
> 摩篇》：『故微而去之，是謂塞窌。』同『竅』。」（胡式鈺《竇存》
> 卷4《語竇》，收入《叢書集成續編》第23冊，新文豐出版公司1988
> 年版，第769頁）斯說為得。端，兆迹、徵兆也。《道德指歸論·民
> 不畏威》：「竅端匿迹，遁貌逃情。」即本此文，是「端」為「端迹」
> 之義也。尹桐陽曰：「窌、端，皆所以藏物者。《說文》：『窌，窖也。』
> 端，即『篅』，判竹圜以盛穀也。」蕭登福亦謂「窌」同「窖」，皆
> 失之。〔註12〕

蕭氏引胡式鈺之說謂「窌」同「竅」，似無據，恐不可從。

案《鬼谷字》正文及陶弘景注文之「窌」字，疑並當作「郤」或「郄」，
「窌」與「郤」「郄」因字形相近而誤。「郤」即《莊子·養生主》「披大郤，
導大窾」與《天運》「塗郤守神」（《釋文》：「郤，與隙義同。」成玄英云：「塗，
塞也。閉心知之孔隙，守凝一之精神。」）及《知北遊》「如白駒之過郤」之
「郤」，與「隙」同。字或作「郄」。《鬼谷子·中經》有下引一段話：

> 有守之人，目不視非，耳不聽邪，言必詩書，行不淫僻，以道
> 為形，以聽為容，貌莊色溫，不可象貌而得也，如是，隱情塞郄而
> 去之。〔註13〕

陶弘景注云：

> 有守之人，動皆正直，舉無淫僻，厥後昌盛，暉光日新，雖有
> 辯士之舌，無從而得發，故隱情塞郄，閉藏而去之。

〔註11〕許富宏：《鬼谷子集校集注》，中華書局，2008年，第114頁。
〔註12〕蕭旭：《〈鬼谷子〉校補（二）》，復旦大學出土文獻與古文字研究中心網站，
　　　　http://www.gwz.fudan.edu.cn/SrcShow.asp?Src_ID=1937。
〔註13〕許富宏：《鬼谷子集校集注》，中華書局，2008年，第247頁。

《摩篇》之言「塞竀〈卻／郤—隙〉、匿端、隱貌、逃情」，與《中經》之言「隱情塞郄」，文義相近，可以相互比照。

　　檢《韓非子‧用人篇》曰：「夫人主不塞隙穴而勞力於赭堊，暴雨疾風必壞。」又《春秋繁露‧五行相生》曰：「絕源塞隙（隙），執繩而制四方。」〔註14〕亦是「塞隙」連文之證。

〔註14〕蘇輿：《春秋繁露義證》，中華書局，2012 年，第 364 頁。

九、桓譚《新論》校字二則

　　2013 年我曾據寫本《群書治要》校正了刻本之失，〔註1〕現在重讀寫本《治要》，又發現了《新論》裡的一些問題，寫出以就正於讀者。

1. 割心相信

　　《群書治要》引桓子《新論·求輔》有下引文句：

> 材能之士，世所嫉妒，遭遇明君，乃壹興起，既幸得之，又復隨眾，弗與知者，雖有若仲尼，猶且出走，此二止善也。是故非君臣致密堅固，割心相信，動無間疑，若伊、臣〈呂〉之見用，傳說之通夢，管、鮑之信任，則難以遂功竟意矣。（寫本《群書治要》41 軸／6 頁；又汲古書院《群書治要》六／430 頁；又朱謙之 2009：10；〔註2〕吳則虞 2014：27；〔註3〕白兆麟 2017：17。〔註4〕）

首先是「傳說之通夢」這句，寫本作：

〔註1〕參蟲魚：《利用寫本〈群書治要〉校正刻本之失》，復旦大學出土文獻與古文字研究中心網站 http://www.gwz.fudan.edu.cn/Web/Show/2172，2013/11/8；又載蔡偉：《誤字、衍文與用字習慣——出土簡帛古書與傳世古書校勘的幾個專題研究》，臺灣花木蘭文化事業有限公司出版，2019 年，第 157～158 頁。

〔註2〕朱謙之：《新輯本桓譚新論》，收入《朱謙之文集》（第四卷），福建教育出版社，2002 年，395 頁；又朱謙之：《新輯本桓譚新論》，中華書局，2009 年，10 頁。案朱氏文集本，其訛誤滿紙，幾不能讀，故以中華書局本為據。

〔註3〕吳則虞輯校、吳受琚輯補、俞震、曾敏重訂：《桓譚〈新論〉》，社會科學文獻出版社，2014 年。

〔註4〕白兆麟：《桓譚新論校注》，黃山書社，2017 年。

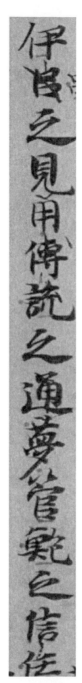

自刻本《治要》脫此「之」字，後來諸家輯本皆仍之，非。當以寫本為據，其
實依文例亦當有「之」字。

其次，關於「割心相信」，寫本作：

從形體來看，確是「割」字（「割」字可參寫本《治要》三／168頁、三／410頁）。

但從用字來看，「割」字於文義顯然不甚契合。我們認為，「割」應是「剖」的誤字。「割」、「剖」二字形體相近，故古書中「剖」字往往訛為「割」字。〔註5〕又如《淮南子·泰族》「夫矢之所以射遠貫牢〈堅〉者，弩力也；其所以中的剖微者，正〈人〉心也」，〔註6〕《長短經》卷三《是非》作「夫矢之所以射遠貫堅者，弓弩力也；其所以中的剖微者，人心也」，而寫本《治要》引作：

（38軸／24頁；六／284頁）

檢《史記·鄒陽列傳》云：

何則？兩主二臣，剖心析肝相信，豈移於浮辭哉！〔註7〕

又《梁書·韋粲傳》云：

謂眾議已從，無俟老夫耳，若必有疑，當剖心相示。〔註8〕

是皆言「剖心」，與《新論》之云「割〈剖〉心相信」，其文義相同。關於《新論》之云「割心相信」，檢白兆麟先生注云：

〔註5〕參王念孫《讀書雜志》「卵割」下，江蘇古籍出版社，2000年，第949頁；又何寧：《淮南子集釋》，中華書局，2011年，第1381～1382頁。

〔註6〕何寧：《淮南子集釋》，第1384頁。

〔註7〕《漢書·賈鄒枚路傳》《新序·雜事第三》有相同的文句。

〔註8〕《南史》卷五十八有相近文句。

割心：剖心，推心置腹。

雖然其結論正確，卻並沒有指出「割」是誤字。案「割」、「剖」字義雖然相近，但尚有細微之差別，絕不能等同視之，所以「剖心」不可說成「割心」，故白兆麟先生之說並不十分準確，拙說可作為補證。

又《醫心方》卷廿八引《洞玄子》有下引文句：

其熱（勢）若割蚌而取明珠

其勢若割石尋美玉

（日・宿稱康賴《醫心方》（五），臺北：新文豐出版公司，1976 年，18 頁）

這兩個「割」字，依文義顯然也應該是「剖」字。而《醫心方》的整理本，如高文柱《〈醫心方〉校注》（華夏出版社，2013年，第586頁）；李零《中國方術正考》（中華書局，2006年第1版，2010年第3次印刷，第414頁）等，皆逕作「割」，而未作任何之說明。

又《孔叢子・陳士義》曰：

> 秦王得西戎利刀，以之割玉，如割木焉。

傅庶亞校：

> 二「割」，一本作「切」。

蕭旭先生說：

> 《書鈔》卷123、《類聚》卷60、83、《御覽》卷346、《玉海》卷151引並作「割」。〔註9〕

案這兩個「割」亦應是「剖」之誤字。

2. 不思勉廣

《弘明集》卷五引桓譚《新論》有下引一段話：

> 昔齊景公美其國，嘉其樂，云：「使古而無死，何若？」晏子曰：「上帝以人之歿為善，仁者息焉，不仁者如焉。」今不思勉廣，日學自通，以趨立身揚名，如但貪利長生，多求延壽益年，則惑之不解者也。（朱謙之2009：33；吳則虞2014：8；白兆麟2017：65。）

案「勉廣」之「廣」疑為「厲」之誤字，如王念孫謂「經傳中厲、廣二字往往相亂」〔註10〕，可為其證。檢王充《論衡・本性篇》曰：

> 一歲嬰兒，無推讓之心，見食，號欲食之；睹好，啼欲玩之。
>
> 長大之後，禁情割欲，勉厲為善矣。

司馬遷《報任安書》曰：

> 《傳》曰：刑不上大夫，此言士節不可不勉厲也。

《漢書・循吏傳》曰：

> 故二千石有治理效，輒以璽書勉厲，增秩賜金，或爵至關內侯。

「厲」字或作「勵」，如宋・嚴粲撰《詩緝》卷二十八曰：

〔註9〕蕭旭：《孔叢子校補》，收入蕭旭：《羣書校補（續）・5》，臺灣花木蘭文化出版社，2014年，第1069頁。

〔註10〕參王念孫《讀書雜志・史記》「廣騖」下，江蘇古籍出版社，2000年，第87頁。

　　　　天方艱難，禍亂將作，汝眾人無為是憲憲然欣喜而不知憂懼也。

　　　　天方震動民將不安，汝眾人無為是泄泄然怠緩而不思勉勵也。

宋《建炎以來繫年要錄》卷一百七十八曰：

　　　　則陛下所以擢用委任之恩可謂厚矣，為鵬舉者不思勉勵激昂以

　　　圖報稱，而乃掠美以欺君，植黨以擅權，長惡不悛……

宋《象臺首末》卷一曰：

　　　　胡夢昱，江西鄙人，試法偶中，遭遇聖主，寘身周行，不思勉

　　　勵以報君德，乃以詭怪而惑羣聽近者。

皆可以為證。

　　另外，《群書治要》刻本之誤，當據寫本正之者，如《群書治要》引桓子

《新論・言體》有下引文句：

　　　　聖王治國，崇禮讓，顯仁義，以尊賢愛民為務，是為卜筮維寡，

　　　祭祀用稀。（黃霖、李力 1977：14；朱謙之 2009：15；吳則虞 2014：

　　　32 ；白兆麟 2017：28）

檢寫本實作：

　　　　　　　　　　　　　　　　　　　　〔註11〕

〔註11〕寫本《群書治要》六／438頁；又第41軸／9頁。

「卜」上一字明為「以」字，自刻本《治要》誤為「為」字，後來諸家輯本皆仍之，非，當以寫本為是。

又案「是以卜筮維寡，祭祀用稀」，諸家皆無說，檢馬王堆帛書《要》18上-18下有下引文句：

> 君子德行焉求福，故祭祀而寡也；仁義焉求吉，故卜筮而希（稀）也。

已有學者指出《鹽鐵論·散不足》「古者德行求福，故祭祀而寬〈寡〉；仁義求吉，故卜筮而希」，與簡文甚近。〔註12〕《新論》云「是以卜筮維寡，祭祀用稀」，顯然與馬王堆帛書《要》及《鹽鐵論》字句並相近。〔註13〕

〔註12〕參裘錫圭主編：《長沙馬王堆漢墓簡帛集成·叁》，中華書局，2013年，第118頁。

〔註13〕歷來治《鹽鐵論》諸家皆未能據《新論》此文以校「祭祀而寬」之「寬」為「寡」之誤。如王利器：《〈鹽鐵論〉校注》，中華書局，2015年，第352頁。

十、是「扶側」還是「扶冊」？^{〔註1〕}

　　記得黃季剛先生曾經說過，通訓詁，則讀《史記》如讀《紅樓夢》（大意如此，具體出處已不記得）。這比喻當然不差，但是在《紅樓夢》中，有的詞彙和字義也是不經見的。對於現代的讀者，如果不通訓詁或者不太熟悉中古漢語的詞彙，恐怕也是不容易真正讀懂的，今試舉一例以說明。

　　《紅樓夢》第二回「賈夫人仙逝揚州城　冷子興演說榮國府」有下引一段文字：

> 　　卻說嬌杏這丫鬟，便是那年回顧雨村者。因偶然一顧，便弄出
> 這段事來，亦是自己意料不到之奇緣。誰想他命運兩濟，不承望自
> 到雨村身邊，只一年便生了一子，又半載，雨村嫡妻忽染疾下世，
> 雨村便將他扶冊作正室夫人了。

「扶冊」，今之校注整理本率從庚辰本、舒序本作「扶側」，如中國藝術研究院紅樓夢研究所校注《紅樓夢》本（人民文學出版社 2008 年 7 月第 3 版，2019 年印刷，第 19 頁）、俞平伯校、啟功注《紅樓夢》本（人民文學出版社 2000 年，第 15 頁）、蔡義江評注《增評校注紅樓夢》本（作家出版社，2007 年，第 19 頁），皆未出校記、未作任何之說明。而由啟功主持，張俊、聶石樵、周紀彬、龔書鐸、武靜寰校注《紅樓夢》本（中華書局，2014 年，第 24

〔註 1〕此文首發於「錦州抱小」公眾號，https://mp.weixin.qq.com/s?__biz=MzI4OTIx
　　　Mjg2OA==&mid=2247483886&idx=1&sn=f03000a286c4b8db451ff14c1db6e59
　　　4&chksm=ec33d145db4458531a95e73d385d464c016287f9fdb00f8dd8ef482a319
　　　b5f32c68f07f4ccb9&exportkey=ARV4FOqIkPn5UCk7GAsZVdc%3D&acctmode
　　　=1&pass_ticket=iBHyr2lEXa1jQfockcRHZrGgviYyi2PmbUpnDQO7kDH%2FF
　　　RbrRjAX5w3wc7%2F5qU7z&wx_header=0#rd，2021-03-04。

頁）乃從夢覺本、程本逕作「雨村便將他扶作正室夫人」，失原本之舊，最無道理。

只有鄭慶山校《脂本匯校石頭記》（北京作家出版社， 2003 年，第 14 頁）、周汝昌校訂批點本《石頭記》（灘江出版社，2009 年，第 25 頁）作「扶冊」，亦無任何之注釋及說明。

據周祜昌、周汝昌、周倫玲校訂《石頭記會真》（鄭州海燕出版社，2004 年，第 159 頁），我們知道：甲戌、已卯、蘇藏作「扶冊」；庚辰本、舒序本作「扶側」。

我們來看甲戌本（人民文學出版社，2010 年，第 43 頁）作：

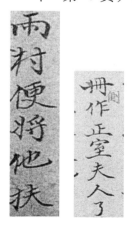

己卯本（人民文學出版社，2010 年，第 43 頁）作：

俄羅斯聖彼得堡藏《石頭記》（人民文學出版社，2014 年，第 58 頁）作：

可見其早期寫本無一例外皆寫作「扶冊」（己卯本「冊」字右側有批校者用朱筆改字）。

　　檢蔣禮鴻先生《敦煌變文字義通釋》（收入《蔣禮鴻集》（第一卷），浙江教育出版社，2001 年，第 138 頁）「冊　扶冊、扶策」條下云：

　　　　翰擒虎話本：「冊起使君，使賜上殿。」（頁 198）又：「處分左右，冊起蠻奴。」（202）太子成道變文：「大王聞之，□□冊上尊者。」（頁 323）這三個「冊」字是扶的意思。王建送振武張尚書詩：「迴天轉地是將軍，扶冊春宮上五雲。」「扶」和「冊」字連用，可證「冊」有扶的意思。

　　　　「扶冊」本作「扶策」，「冊」也就是「策」；「冊」跟「策」通用，猶「策文」就是「冊文」。宋無名氏《江南餘載》卷上：「舉子齊愈及第，綴行至白門，忽於馬上大笑不已，遂墜。馭者扶策，良久乃蘇。」孟元老《東京夢華錄》卷六，十四日車駕幸五嶽觀條：

「駕將至，……天武官十餘人簇擁扶策。」《三國演義》第五十回：
「焦頭爛額者扶策而行，中箭著槍者勉強而走。」第一百六回：「乃
去冠散髮，上牀擁被而坐；又令二婢扶策，方請李勝入府。」「扶策」
就是王建詩的「扶冊」。《演義》人民文學出版社本第五十回注：「策
——仗。」以「扶策」為動賓結構而不是聯合結構，是錯的。但「策」
之所以有扶的意義，卻是由手杖義引申而得，而變文的「冊」則是
「策」的假借字。

　　《廣韻》入聲二十一麥韻：「㧘，楚革切，扶㧘也。」與策、冊
二字音切相同，是「扶策」的專字。

案敦煌寫本《大唐刊謬補闕切韻》又作「㩧」。〔註2〕

　　檢《舊唐書》列傳第一百二十六曰：

　　　朕纘嗣之際，宰相何嘗比數。李珏、季稜志在扶冊陳王，嗣復、
　　弘逸志在樹立安王。立陳王猶是文宗遺旨，嗣復欲立安王，全是希
　　楊妃意旨。

亦是「扶冊」的用例。

　　綜上所述，《紅樓夢》的這句「雨村便將他扶冊作正室夫人了」，當以甲
戌、己卯、蘇藏本作「扶冊」為是。

〔註 2〕參張涌泉主編：《敦煌經部文獻合集》（第七冊），中華書局，2008 年，第 3370
　　頁。

十一、讀書校字二則〔註1〕

1. 殺青差幸減儋尤

《地不愛寶》引馬衡先生一首七言律詩：

> 十載勞人不自由，是非場裏久沉浮；著書歲月成虛擲，伏案生
> 涯寧強求；垂白那堪聞辯難，殺青差幸減儋尤；世閒期望知多少，
> 豁目來登更上樓。〔註2〕

邢義田先生謂此詩已收入施安昌、華寧釋注《馬衡日記——一九四九前後的
故宮》（北京：紫禁城出版社，2006）所附：詩鈔，第四十七首「讀袁希淵與
傅孟真往復問難書，詩以解嘲」，頁260。同時又附有馬衡先生手跡：

〔註1〕此文首發於「錦州抱小」公眾號，https://mp.weixin.qq.com/s?__biz=MzI4OTIx
　　　　Mjg2OA==&mid=2247483675&idx=1&sn=06d419a02150dc419bed24488fcac91
　　　　7&chksm=ec33d1b0db4458a69fec5ed6e5d98b7377602e1da36fafa33f206578ac79
　　　　e5e985079bf58b10&exportkey=ASW%2BTO%2F%2FJw8y8spXw%2BaHgrs%3
　　　　D&acctmode=1&pass_ticket=iBHyr2lEXa1jQfockcRHZrGgviYyi2PmbUpnDQO
　　　　7kDH%2FFRbrRjAX5w3wc7%2F5qU7z&wx_header=0#rd，2020-06-13。
〔註2〕邢義田：《地不愛寶》，中華書局，2011年，第390頁，小注④。

載勞人不自由是非場裏久沈
浮著書歲月成虛擲伏案生涯
寧強求垂白耶堪聞辯難觳青差
韋減僭尤世間期望知多少豁目
來登更上樓
讀袁希涃興
孟真先生往澄問難書詩以解嘲錄呈
政之
馬衡

（《地不愛寶》，391 頁）

案「僭尤」不辭，所謂的「僭」，其實作「**僭**」，應釋為「僭」，字或作「譽」，為《說文》「愆」字下所列之籀文。

愆
過也从心衍聲去虔切 或从寒省 籀文

檢施安昌、華寧釋注《馬衡日記——一九四九前後的故宮》此詩引作：

> 十載勞人不自由，是非場裏久沉浮；著書歲月成虛擲，伏案生
> 涯寧強求；垂白那堪聞辯難，殺青差幸減怨尤；世閒期望知多少，
> 豁目來登更上樓。

逕以「**偒**」為「慇」，雖不盡合原文，卻勝於《地不愛寶》之錄文。

2.「吁」應作「籲」

《積微翁回憶錄》（1934 年 6 月 7 日）：

> 撰《爾雅鷚天龠釋名》。鷚訓高飛，此鳥飛高，故名鷚。鳴聲相
> 屬，俗名告天鳥；龠讀如吁，呼也，天吁即告天矣。〔註3〕

案龠、吁二字古音不同部，其音有別，「吁」應是「籲」之誤字。〔註4〕

　　《積微翁回憶錄》經楊德豫、楊堅、楊逢彬及李若暉諸家校訂，尚未能
盡除訛誤，可見校字一道絕非易事。

〔註 3〕楊樹達：《積微翁回憶錄》，北京大學出版社，2007 年，第 58 頁；又《楊樹達
　　　　文集》本，上海古籍出版社，2013 年，第 83 頁。
〔註 4〕參見楊樹達：《積微居小學金石論叢》，科學出版社，1955 年，第 215 頁。

肆、其他雜文

一、讀《義府續貂》札記 〔註1〕

　　《義府續貂》（以下簡稱《續貂》）是蔣禮鴻先生精心結撰的一部研究古文獻的名著，是治訓詁、校勘非常重要的參考書。

　　《續貂》初版於 1981 年，1987 年再版。以後蔣先生又陸續修訂，並增加了一些條目，後來收錄在《蔣禮鴻集·（二）》中。

　　此外，尚有《〈義府續貂〉增訂》，係蔣禮鴻先生生前在《義府續貂》（增訂本）〔中華書局 1987 年 9 月第二版〕的自存本上所作的親筆箋補，由李亞明輯錄整理，文載《古籍整理研究學刊》（1996 年，第 6 期）。

　　今年以來，陸續見到了蔣禮鴻全集本《續貂》（浙江大學出版社，2020 年 1 月）、新版增訂本《續貂》（中華書局，2020 年 3 月），通過比較，這後出的兩種本子還是互有優劣，中華書局新版的增訂本訛誤相對較少，又新增有音序和筆畫索引，是目前最為方便閱讀的一個版本。唯一缺憾的是開本和字型較之 1987 年版都縮小了一些，閱讀起來，頗費目力，這是美中不足的地方。

〔註 1〕此文首發於「錦州抱小」公眾號，https://mp.weixin.qq.com/s?__biz=MzI4OTIx
　　　　Mjg2OA==&mid=2247483660&idx=1&sn=5443ac47ac7261685e79db455c7224
　　　　b9&chksm=ec33d1a7db4458b1f5ee73f196625bc35ccd4dd15357c6625149cce024
　　　　db28a118734f91fb5f&exportkey=AWn03DWP3Nl909Dsov%2FNmgY%3D&acc
　　　　tmode=1&pass_ticket=iBHyr2lEXa1jQfockcRHZrGgviYyi2PmbUpnDQO7kDH
　　　　%2FFRbrRjAX5w3wc7%2F5qU7z&wx_header=0#rd，2020-06-02；https://mp.
　　　　weixin.qq.com/s?__biz=MzI4OTIxMjg2OA==&mid=2247483665&idx=1&sn=8f
　　　　470d3f806fc8156f36d418f31c46db&chksm=ec33d1badb4458acfdd1e11e0214399
　　　　9b66d76aff221ad35043e6d305385a242a71dcdb32a2b&exportkey=AY2hczlFXT
　　　　Dvfc1AhGxI%2B9g%3D&acctmode=1&pass_ticket=iBHyr2lEXa1jQfockcRHZr
　　　　GgviYyi2PmbUpnDQO7kDH%2FFRbrRjAX5w3wc7%2F5qU7z&wx_header=0
　　　　#rd，2020-06-06。

因為蔣先生的《續貂》，是我最早接觸的訓詁、校勘學方面的書，我對語言文字之所以感興趣並以此作為研究的方向，完全得賜於這本書。幾十年來經常反覆繹讀，受益甚多。

下面是我對《續貂》中存在的一些問題，提出自己的一些淺見，幸讀者有以教我。

1. 引文錯誤

增訂本	蔣禮鴻集本	蔣禮鴻全集本	新增訂本	誤	正
3 頁倒數 11 行	11 頁	3 頁倒數 12 行	3 頁倒數 11 行（已正）	文章高體謝宣城	篇章高體謝宣城
7 頁倒數 11 行	16 頁	7 頁倒數 1 行	7 頁倒數 11 行	金鳳羅衣涇麝薰	金鳳羅衣涇麝薰
12 頁 7 行	21 頁	12 頁倒數行	12 頁 7 行	甕閞	甕閉
14 頁倒數 13 行	24 頁	15 頁 2 行	14 頁倒數 13 行	屋飾雕文以寫龍	屋室雕文以寫龍
57 頁 1 行	72 頁	59 頁倒數 2 行（已正）	57 頁 1 行	《廣雅》	《廣韻》
57 頁倒數 9～10 行	72 頁	60 頁倒數 11 行	57 頁倒數 9～10 行	扜（當作扜），烏號之弓	扜（當作扜）烏號之弓
65 頁 8 行	81 頁	68 頁 5 行	65 頁 8 行	廁役	廝役〔註 2〕
83 頁 6 行	101 頁	86 頁倒數 14 行	83 頁 6 行	今當試去君上之執	今當試去君上之執
90 頁倒數 3 行	109 頁	94 頁 2 行	90 頁倒數 3 行	娍、狎、傷	娍、狎、傷
119 頁倒數 2 行	141 頁	124 頁 9 行	119 頁倒數 2 行	衣不芮溫	不衣芮溫
126 頁 7 行	149 頁	131 頁 5 行（已正）	126 頁 7 行	嗣先生爾酋矣	嗣先公爾酋矣
143 頁倒數 7 行	168 頁	148 頁倒數 3 行	143 頁倒數 7 行（已正）	可以置罘設也	可以罥罘設也
169 頁 3 行	195 頁	174 頁 10 行	169 頁 3 行	朱武曾	朱武曹
177 頁倒數 7 行	204 頁	183 頁 5 行	177 頁倒數 7 行	則未有不詘事也	則未有不詘者也

〔註 2〕張永言先生早已指出此誤，見張永言《介紹兩部訓詁書》，收入張永言《語文學論集》（增訂本），語文出版社，1999 年，第 58 頁小注②。

2. 校勘錯誤

1.「曀瞜 晏溫」條（中華書局增訂本 13 頁；新版同）引賈誼《新書·禮篇》：「天清徹，地富媼。」蔣先生謂「富媼」不可通，而認為富為宴字之誤，宴媼即晏溫，亦即氤氳，不得分兩字兩義釋之。

檢《廣雅·釋詁四》：「緼，饒也。」王念孫《疏證》云：

> 緼者，《方言》：「蘊，饒也。」蘊與緼通。《漢書·禮樂志》郊祀歌「后土富媼，昭明三光」，張晏注云：「坤為母，故稱媼。」吳仁傑《兩漢刊誤補遺》云：「媼當作熅，字書熅有兩義，一曰烟熅，天地合氣也；一曰鬱煙也，富熅以烟熅為義，「后土富熅，昭明三光」即賈誼《新書》「天清澈，地富熅」，物時孰之意，晏說謬矣。」案吳所引賈誼《新書》見《禮篇》，媼、熅並與緼通。……后土富媼、地富熅，皆謂生殖饒多也。吳說富熅以烟熅為義，亦未確。〔註 3〕

案王說至確。蔣先生改「富」為「宴」，無據。

2.「冒忿」條（中華書局增訂本 16 頁；新版同）引賈誼《新書·耳痹》：「子胥發鬱冒忿，輔闔閭而行大虐。」蔣先生認為：「冒」是「胃」之誤，「胃」與「潰」通，潰忿者，謂發泄其忿如水之橫潰也。與「發鬱」相對為文。

案「冒」，似即「冒煙」、「冒汗」、「冒出」之「冒」，今方言詞又有「冒火」，這些詞語中「冒」字，其義為「向外透或往上升」，故「冒」與「發」義相近。然則「子胥發鬱冒忿」，是說伍子胥發泄其怨怒與憂鬱耳。

3.「塞備」條（180 頁）引《荀子·王制》：「塞備天地之間，加施萬物之上。」又引王引之「備當為滿」，而駁之云：「王說非是，備乃偪字形近之誤。」

案「塞備」、「加施」皆疊韻字，又皆是複語。王引之改「備」為「滿」，固非，蔣先生之說亦非是。孟蓬生《經籍假借字閒詁》說「備」非訛字，「備」當為「畐」之借字，〔註 4〕正確可從。更詳細的討論，可參拙文《讀書叢札》，文載《出土文獻與古文字研究》（第三輯），復旦大學出版社，2010 年。

〔註 3〕王念孫：《廣雅疏證》，中華書局，1983 年，第 130 頁。
〔註 4〕孟蓬生：《經籍假借字閒詁》，《中國語文》2006 年 3 期，第 246 頁。

3. 訓釋錯誤

1.「角」條下（55～56頁）引章太炎《小斅答問》曰：

> 角亦錄字。《史記·留侯世家》、《漢書·王貢兩龔鮑傳》「角里
> 先生」,《索隱》引《孔父秘記》作祿里。《谷永傳》:「背可懼之大異,
> 問不急之常論；廢承天之至言,角無用之虛文。」角即今錄用字（舊
> 說為竟,失之）,是角可讀祿及錄也。

蔣先生認為：「章說以《谷永傳》角為錄用,可從。」又說「然與角里類言,
或恐牽傅」,故說之云：

> 今謂角之孳乳為觚。《急就篇》曰:「急就奇觚與眾異。」顏師
> 古注曰:「觚者,學書之牘,或以記事。削木為之,蓋簡屬也。其形
> 或六面,或八面,皆可書。觚者,棱也。以有棱角,故謂之觚。」
> 是觚取有角,角即觚也。其用學書記事,故得記錄錄用之義爾。顏
> 注《谷永傳》角為竟,竟即是競,於當句似可通。然統四句以觀之,
> 皆就聽言者為說,固不得云競無用之虛文也。

案顏師古訓「角」為「竟（競）」乃相承之故訓,[註5]不宜輕易推翻。檢朱
起鳳《辭通》已將「角競」、「角竟」、「确競」並列,引《漢書·谷永傳》及《李
廣傳》「數與虜确」為證。[註6]又《漢書·敘傳》（中華書局,十二／4233頁）
「班輸榷巧於斧斤」,顏師古注:「榷,一曰競也,榷音角。」

案《後漢書·馬融傳》:「狗馬角逐,鷹鸇競鷙。」（中華書局,1960頁）
《文選》卷54引劉孝標《辨命論》:「與三皇競其萌黎,五帝角其區宇。」又
《敦煌文書》p.3155:「其中乃出七十二賢,競修風禮,角造貢獻。」皆以「角」、
「競」相對為文。字又作「捔」[註7],俗字又作「犄」[註8]。

「廢承天之至言,角無用之虛文」,是說廢實言而爭虛文,文義可通。

雖然章太炎的說法不適合於《谷永傳》此文,但謂「角可讀祿及錄」（三
字古音相近,故可通用）,卻可以幫助我們來解釋下面所引《漢書·董仲舒傳》
（中華書局,八／2513頁）的一段文字：

[註5] 參《故訓匯纂》,商務印書館,2003年,第2093頁。

[註6] 朱起鳳:《辭通》,上海古籍出版社,1985年,第2137頁。

[註7] 參李增傑:《廣雅逸文補輯並注》,暨南大學出版社,1993年,第104頁。

[註8] 參韓小荊:《〈可洪音義〉研究——以文字為中心》,巴蜀書社,2009年,第
155頁。

量材而授官，錄德而定位。

顏師古注：

錄，謂存視也。

案此「錄」可讀為「角」，角亦量也。「量材而授官，錄（角）德而定位」與《荀子·儒效》「若夫謫〈譎〉德而定次，量能而授官」（《韓詩外傳》卷五作：決德而定次，量能而授官），《君道》「論德而定次」、《正論》「圖德而定次」同義，劉如瑛先生謂「圖」、「論」、「譎」義均相近，又謂「古人用詞自有變化，不必雷同」〔註9〕，說甚是。故「錄（角）德」、「謫〈譎〉德」、「決德」、「論德」、「圖德」皆同義，謂量度德行，師古訓「錄」為「存視」，於文義稍疏。

2.「壹 噫」條（56頁）引《論衡·感虛》「鄒衍一人，冤而壹歎，安（引者案：安，原引作焉，今據《論衡》原文改正）能下霜？」蔣先生謂：「壹歎者，噫歎也。」

檢《論衡·感虛》下文有「冤而一歎」、「此復一哭崩城，一歎下霜之類也」句，可知云「冤而壹歎」者實即「冤而一歎」，非如蔣先生之所說。

3. 後儉（105～106頁）條引《漢書·王莽傳》上：「後儉隆約，以矯世俗。」蔣先生引顏師古注：「後，退也。」又引王引之曰：「後儉與隆約對文，則後非退也。後讀為逡。逡，循也。謂循儉尚約，以矯世俗之奢侈也。」然後蔣先生說：

顏注誤，王氏駁之，是也。然後訓逡循，與隆字亦不相對，無以見崇尚之意，與矯俗意亦不相應。今謂後即逡字，見《集韻》平聲十八諄韻，其字與徇通。《史記·李將軍列傳》：「余睹李將軍悛悛如鄙人。」《漢書》作恂恂。是从夋从旬之字得相通也。《公羊傳》定公四年：「朋友相衛，而不相徇。」何休注：「徇，出表辭，猶先也。」徐彥疏：「徇者，謂不顧步伍勉力先往之意。」然則徇乃率先之意，後儉即徇儉，謂以儉率先乎人也。後謂率先，乃得與隆為對耳。

檢《廣雅·釋詁四》：「逡，循也。」王念孫《疏證》（113～114頁）云：

逡者，《方言》：「躔、逡，循也。日運為躔，月運為逡。」《呂氏春秋·圜道篇》云：「月躔二十八宿。」逡亦躔也。哀三年《左傳》

〔註9〕劉如瑛：《諸子箋校商補》，山東教育出版社，1995年，第16頁。

「外內以悛」，杜預注云：「悛，次也。」《漢書·公孫宏傳》「有功者上，無功者下，則羣臣逡」，李奇注云：「言有次第也。」《王莽傳》云：「後儉隆約，以矯世俗。」《史記·游俠傳》「逡逡有退讓君子之風」，《漢書》作循循。《揚雄傳》「穆穆肅肅，蹲蹲如也」，顏師古注云：「蹲蹲，行有節也。」並字異而義同。

則高郵二王之說同。檢《文選》張衡《東京賦》云「遵節儉，尚素樸」，薛綜注：「遵，循也。」其文義與《莽傳》同，可證高郵之說確不可拔，蔣先生之說非是。

4.「舒戟」條（160～161 頁）引《論衡·自紀篇》：「牛刀割雞，舒戟采葵，鈇鉞裁箸，盆盎酌卮，大小失宜。」蔣先生以「舒戟」為「銳戟」。

案「舒」當為「銕」之誤字，「銕」為「矛」之異體，見《玉篇》。更詳細的討論，可參拙文《利用俗字校勘古書舉例》，文載《中國文字學報》（第九輯），商務印書館，2018 年。

5.「治扢禿」條（180 頁）引《淮南子·齊俗》：「親母為其子治扢禿而血流至耳，見者以為其愛之至也。」蔣先生云：

《羣書治要》引此文，眉注曰：「舊無治字，補之。」是本無治字，有治者，校者妄增也。扢借為刉。《說文》：「刉，一曰：刀不利，於瓦石上刉之。」扢禿者，刮去禿癬，故血流至耳也。張自烈《正字通》引《淮南》，乃云「治疙禿」，其踳謬如此。

檢《廣雅·釋詁二》：「頦（頯），禿也。」王念孫《疏證》（48 頁）云：

頦者，《說文》：「頦，禿也。」《眾經音義》卷六引《三倉》云：「頦，頭禿無毛也。」又引《通俗文》云：「白禿曰頦。」《淮南子·齊俗訓》云：「親母為其子治扢禿而血流至耳。」扢與頦通。《玉篇》頦，音口本、口沒二切，《說文》：「頯，無髮也。」《玉篇》音苦昆、苦鈍二切。又《說文》：「髡，剔髮也。」髡、頯、頦一聲之轉，義並相近也。

何寧《淮南子集釋》（中華書局，2010 年，806～807 頁）引楊樹達說同王念孫。如《淮南子》原文確無「治」字，應以蔣先生之說為是；

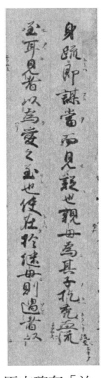

（日本宮內廳藏鐮倉時代寫本《群書
治要》，第 38 軸，第 13 頁）

若《淮南子》原文確有「治」字，則當以王念孫之說為是。

此外，《續貂》頗多古韻隸屬錯誤者，如：

1. 劦聲、列聲、屬聲字古韻同祭部。（88 頁）

2. 制、浙古韻同屬脂部。（107 頁）

3. 從利從賴聲之字古韻皆在祭部。（166 頁）

其最誤者，如以「礫」從「桀」聲。〔註10〕

另外，《續貂》還有多條與學者暗合者，如：

1.「𧒒虱」條（15 頁）

參王念孫《讀書雜志》，江蘇古籍出版社，2000 年，第 682 頁。

2.「盈望」條（34 頁）

與王引之《春秋名字解詁》說合，見《經義述聞》，江蘇古籍
出版社，2000 年，第 549 頁。

3.「澆行」條（75 頁）

見《經義述聞》「飭行」，第 205 頁。

〔註10〕見蔣禮鴻：《懷任齋文集》，上海古籍出版社，1986 年，第 20 頁。

4.「覆露、覆慮」條（112 頁）

見《經義述聞》「是先主覆露子也」，第 507 頁。

5.「不俾 光度」條（155 頁）

見《讀書雜志》，第 1068 頁。

6.「斬」條（195 頁）

見《讀書雜志》，第 650 頁。

7.「蓋」，謂蓋與奄通，古書商奄又作商蓋（169 頁）

案楊樹達《積微居小學金石論叢》說同。

8.「制梃」（107 頁）

裴學海《孟子正義補正》（臺北學海出版社，1978 年，第 16 頁），亦讀制為折。

以上我們雖然舉出了《續貂》中的一些錯誤，但這並不說明蔣先生不高明。因為古文獻的整理實在是非常不易之事，任何人、任何一本書都不可能沒有錯誤。本文的目的只想以一個後學者的身份，訂正《續貂》中的一些違失，用蔣先生的話說就是「蓋以誌其景仰之私而自附於諍臣之末，且以商諸同志云爾」。〔註11〕

2020 年 6 月 6 日據舊稿寫定。

〔註11〕語見蔣禮鴻：《〈墨子閒詁〉述略》，收入《懷任齋文集》，上海古籍出版社，1986 年，第 151 頁。

二、讀蘇建洲先生《新訓詁學》 〔註1〕

　　蘇建洲先生是臺灣著名古文字學家季旭升先生的高弟，長期致力於古文字和出土文獻的研究，成果豐碩。

　　其大作《新訓詁學》，於 2020 年 5 月在上海古籍出版社出版了簡體字版，我之前曾拜讀過臺灣的繁體字版。這次又在大陸出版的簡體字版，更方便了普通讀者，便又重新學習了一遍。

　　這次上古簡體字版，頗有一些誤字，現在將發現的錯誤羅列如下：

《新訓詁學》上海古籍出版社，2020 年 5 月	誤	正
4 頁	小注 1 引《戴東元先生全集》	《戴東原先生全集》
35 頁	小學有形有音有義，三者互求，舉一可得其二。	案「三者互求」應為「三者互相求」，此為《故訓匯纂》原書引用即脫誤，《新訓詁學》56 頁引用則無誤。
65 頁	小注 4 引楊樹達：《高等國文法·序例》，上海：上海書店，1990 年，頁 1。	案頁 1 應為頁 8。

〔註 1〕此文首發於「錦州抱小」公眾號，https://mp.weixin.qq.com/s?__biz=MzI4OTIxMjg2OA==&mid=2247483704&idx=1&sn=7622025513ff408df3403b5064ed4c8d&chksm=ec33d193db445885e510532230f7b3f350e533a52b035e559996e91649fad8969e116b7b989c&mpshare=1&scene=1&srcid=0309wz9RDu3GzOAe74YFCXch&sharer_sharetime=1646792504665&sharer_shareid=9ed89e85e4aecfc98b8fc82d0e6e30f6&exportkey=Aed6lA8Kv2ll3I9EOLcoTW0%3D&acctmode=1&pass_ticket=8VKvQqjsXwLnND%2BlyM5mw4cHtF3kWhML34QZRNnysjfbw12wYywlf5fOWwCCJgmD&wx_header=0#rd，2020-07-01。

91 頁	《詩・魏風・葛屨》:「其君儉嗇褊急。」	「其君儉嗇褊急」非《詩經》原文，乃《詩》小序文，故應作《詩・魏風・葛屨序》。
96 頁 9～10 行	引《廣雅疏證》卷三上「薄、恕、文、農，勉也」	案「恕」應為「怒」。
126 頁 5 行	為我心側	為我心惻
168 頁	不壐《繭》則絜	不壐〈繭〉則絜
182 頁	《小雅》「丞也無戎」	此為段玉裁注《說文》引用之誤，《常棣》作「烝也无戎」。
206 頁／276 頁／306 頁／334 頁	《淮南子・泛論》	《淮南子・氾論》
212 頁	杌涅	杌隉
224 頁	「乾」和「健」上古聲紐和韻部相同（見紐元部）	案乾坤之「乾」為群紐而非見紐。
227 頁	受命其固	受命既固
229 頁	賈誼《新書・道術》:「亟見窈察謂之慧，反慧為童。」	案「窈」應為「窕」。
246 頁	在金曰鑒	案「鑒」應為「鋻」。
294 頁	李善注:「《毛詩》曰:『彷徨不忍去。』」	案《毛詩》應作《毛詩序》
349 頁	《左傳・文公十年》:「投諸四裔，以禦魎魅。」	《左傳・文公十八年》:「投諸四裔，以禦螭魅。」

又第 17 頁引《子略》卷一引《鬻子》「鷙鳥將擊，卑飛翩翼；虎狼將擊，弭耳俯伏」，檢《子略》各版本，皆作「翩翼」，《文獻通考》卷 211 所引同。案「翩」字似不可通，疑為「翖」之誤字，「翖」同「翕」。

又第 97～98 頁引服虔曰：鯫音淺。鯫，小人貌也。

其斷句蓋依《史記》中華書局版之標點本，而今之修訂本依然如故（中華書局，2014 年，399 頁）。案當依段玉裁說〔註 2〕，標點為：鯫音淺鯫，小人貌也。

現在稍作補充說明：我們看古人的注音體例，以複音詞作擬音時，既可以是複音詞的第一個字，以郭璞注《方言》為例（用周祖謨《方言校箋》本），如：

〔註 2〕段玉裁：《說文解字注》，上海古籍出版社，1991 年，第 579 頁。

傑音邛竹（48 頁）
賑音瞋恚（49 頁）
小而深者謂之樑，音邛竹（59 頁）
螻蛭謂之螻蛄，音室塞（69 頁）
埝，下也。音坫肆（83 頁）
撴，格也。音禁忌（84 頁）

也可以是第二個字，如：

禪衣，江淮南楚之間謂之褋，音簡牒（26 頁）
褙音慢惰（28 頁）
所以注斛，陳魏宋楚之間謂之篙，音巫覡（34 頁）
僉，……齊楚江淮之間謂之柍，音悵怏，亦音車鞅（36 頁）
陁，壞也，音蟲豸（41 頁）
欸，或音塵埃（67 頁）
錐，戴也。音釘鍋（76 頁）
傩音鞭撻（82 頁）

又可以省「音」字，如：

梗，魚鯁（15 頁）
蕘，鈴鐃（20 頁）
瀾，湯瀾〈爛〉（22 頁）
佚，蹉跌（22 頁）
劵，書卷（32 頁）
椷，封緘（32 頁）
盞，酒醆（32 頁）
箸筩，陳楚宋魏之間謂之筲，鞭鞘（33 頁）
甇謂之甈，鼓鼙（34 頁）
坻，水泜，坥，癰疽（43 頁）
噬，卜筮（48 頁）
煦，州呼〈吁〉（49 頁）
弓【藏】謂之鞬，或謂之𩏂【丸】，牛犢（58 頁）
浀，或也。酒酣（66 頁）
謦，梟鷙（67 頁）

　　諲，從橫（78 頁）

　　躇，踴躍，抍，拯拔（80 頁）

　　湍，波湍（80 頁）

詳細的討論可參拙文《郭璞〈方言注〉校字一則》，收入全國第二屆近代漢字學術研討會論文集，浙江杭州，2018 年 11 月 1 日～4 日。

　　又第 326～327 頁蘇先生引清人焦循《孟子正義》引毛奇齡《四書賸言》：「《內則》『子婦事舅姑，問疾痛屙癢而抑搔之』，鄭注：『抑搔即按摩。』」案「屙」當作「疴」。

又檢《四書賸言》實作：

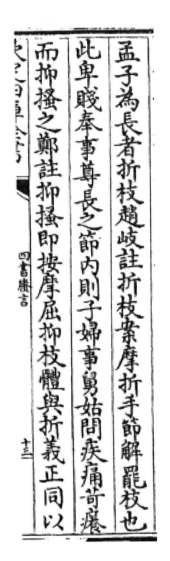

此與《禮記‧內則》作：

> 以適父母舅姑之所，及所，下氣怡聲，問衣燠寒，疾痛苛癢，
>
> 而敬抑搔之。〔註3〕

相合。鄭玄注云：

> 苛，疥也。抑，按。搔，摩也。

可知《四書賸言》乃節引，「子婦事舅姑」，非《內則》原文，不當與「問疾痛
苛癢而抑搔之」相連文。檢《新編諸子集成‧孟子正義》作：

〔註3〕《十三經注疏》（下冊），上海古籍出版社，1997 年，第 1461 頁。

薪之不見，爲不用明焉；百姓之不見保，爲不用恩焉。故王之不王，不爲也，非不能也。」【注】孟子言王恩及禽獸，而不安百姓，若不用力不用明者也。不爲耳，非不能也。曰：「不爲者與不能者之形，何以異？」【注】曰：「挾太山以超北海，語人曰『我不能』，是誠不能也。爲長者折枝，語人曰『我不能』，是不爲也，非不能也。【注】孟子爲王陳爲與不爲之形若是，王則不折枝之類也。折枝，案摩折手節解罷枝也。少者恥見役，故不爲耳，非不能也。太山、北海皆近齊，故以爲喻也。【疏】「挾太山以超北海」○正義曰：「折枝」至「見役」○正義曰：墨子兼愛篇云：「挈太山以超江河，生民以來，未嘗有也。」蓋當時有此語，墨子之書，孟子未必引之。○注「折枝」至「見役」○正義曰：毛氏奇齡四書賸言云：「趙氏注折枝『案摩折手節解罷枝』，此卑賤奉事尊長之節。內則：『子婦事舅姑，問疾痛疴癢而抑搔之。』鄭注：『抑搔即按摩』，與折義正同。以此皆卑役，非凡人屑爲，故曰是不爲，非不能。」後漢張晊王龔論〔二〕云：「豈同折枝於長者，以不爲爲難乎？」劉熙注：「按摩不爲非難爲。」可驗。」若劉峻廣絕交論「折枝舐痔」，盧思道北齊論「韓高之徒，人皆折枝舐痔」，朝野僉載「薛稷等舐痔」，趙氏佑溫故錄云：「文獻通折枝，阿附太平公主」，類皆朋作妗諂之具。音義引陸善經云：「折枝，折草樹枝。」趙氏佑溫故錄云：「文獻通

〔二〕「論」原誤「倫」，據後漢書張王种陳列傳張晊、王龔合論改。

孟子正義卷三　梁惠王章句上

九三

蘇先生蓋依此爲據。

此外，第138～139頁引蘇軾《前赤壁賦》「是造物者之無盡藏，而吾與子之所共適」，蘇先生說：

> 曾有高中老師問我「適」注釋爲「享用」如何理解？謹按：「適」由「前往、歸向」引申爲「嫁人」，「嫁人」引申爲「符合、適合」，再引申爲「美好、滿足」一類的意思，如《漢書·賈山傳》：「秦王貪狼暴虐，殘賊天下，窮困萬民，以適其欲也。」顏師古注：「適，快也。」與其訓爲「享用」，還不如理解爲「滿足、稱快」。

據蘇先生此書的第 13 頁，已經指示讀者，需要找出作者的手稿，此謂「祖本」，
所有出版社的書即據此而來。所以我們也找來蘇東坡的手稿：

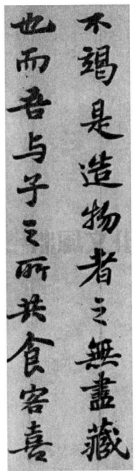

〔註 4〕

可知原文實作「是造物者之無盡藏也，而吾与（與）子之所共食」，那末據訛
誤之字作解釋，則就不可信了。

　　以上的吹毛索疵，喋喋不休地說了這許多話，但可以說《新訓詁學》是
我讀過的訓詁學教材這類書中，獲益最多的一部。其內容翔實，例證確鑿自
不必說，尤其值得稱讚的是作者引用大量的出土文獻中的例證，為傳統的訓
詁學注入了不少新鮮的血液，對初學、宿學俱有裨益。因此也得到了當今學
界翹楚如汪少華、孟蓬生、陳劍這三位先生的誠意推薦，的確是一部非常不
錯的訓詁學教材，值得讀者閱讀、收藏。

〔註 4〕蘇軾《前赤壁賦》卷，紙本，23.9×258cm，現收藏於臺北故宮博物院。

附記：

　　小文曾發表於「錦州抱小」公眾號（2020-07-01），本文關於「鯫音淺。鯫，小人貌也」的斷句問題，蕭旭先生提示我，吳承仕認為「淺鯫」為雙聲連語，〔註5〕也是主張「淺鯫」為一語詞，不當斷開。後來雷瑭洵有《〈史記・項羽本紀〉「鯫生」音注斷句考辨》（《古籍整理研究學刊》2022 年第 1 期）一文，讀者也可以參看。

〔註 5〕吳承仕：《經籍舊音辯證》，收錄於吳承仕：《經典釋文序錄疏證》，中華書局，2008 年，第 312 頁。

伍、出土文獻與古文字研究
青年學者訪談[註1]

　　蔡偉，1972 年 5 月出生，遼寧錦州人，畢業於復旦大學出土文獻與古文字研究中心，現任安順學院圖書館副研究館員。發表《〈銀雀山漢墓竹簡（貳）·定心固氣〉補釋一則》、《〈尚書·顧命〉「今天降疾殆弗興弗悟」的斷句問題——

〔註 1〕此文是接受復旦大學出土文獻與古文字研究中心約請所作的訪談，由復旦大學出土文獻與古文字研究中心網站發佈，http://www.fdgwz.org.cn/Web/Show/4642，2020/9/16。

—兼釋上博五〈三德〉之「天乃降禦」》、《讀北大漢簡〈妄稽〉〈反淫〉札記》等十篇左右論文，出版專著一部：《誤字、衍文與用字習慣——出土簡帛古書與傳世古書校勘的幾個專題研究》。

古典文獻研究輯刊

潘美月・杜潔祥 主編

第二八編 第四冊

誤字、衍文與用字習慣
出土簡帛古書與傳世古書校勘的幾個專題研究

蔡偉 著

書坊

花木蘭

採訪題目：

1. 請介紹一下您學習和研究出土文獻與古文字的經歷。

收到劉釗老師讓我做一期出土文獻與古文字研究青年學者訪談的信息，我既感到非常榮幸，同時也覺得很意外，作為 70 後，馬上就 50 歲的人了，早已自動將自己歸入老年行列了。然後劉老師說「我們的訪談對象最大的是 69 年的」，我這才稍稍有些勇氣敢廁身青年隊伍，那下面就簡單談談我的學習經歷。

由於自身偏科等諸多原因，我沒有受過正規的教育，沒有上過大學，從一個高中畢業生，直接讀了博士，這種經歷是比較特殊的。

我上小學的時候練過幾年毛筆字，可能是受小學語文老師的影響吧。我現在都還記得他的名字——劉明春，大概有五十多歲的樣子，字寫得特別好。

練過書法的人都知道，很多字跟現在通行文字不太一樣，繁體字、俗字特別多，這就促使我經常查閱字典，所以我認識的字要比一般的同學多，這也有可能是我後來喜歡研究語言文字的一個原因。

小學六年級（1986 年 11 月 5 日），買到過一本王力先生的書《談談學習古代漢語》，這是我最早的一本藏書。從這本書裡，我學到了一些學習古漢語的方法。

上了高中之後，由於偏科，成績很不好，比較失落，就到圖書館去看自己喜歡的書。最開始是古典詩詞方面的，後來發現了蔣禮鴻先生的《義府續貂》，特別感興趣。之後我就把圖書館裡凡是語言文字類的書都一一找來讀，圖書館找書、看書的那段經歷開拓了我的眼界，也讓我認清了我想追求的是什麼。

高中畢業沒有考上大學，就到工廠上班，三年後下崗，然後就開始打工，後來作小買賣，賣飲料、雪糕、香煙之類的小商品，大概持續有十三、四年的時間吧，最後又蹬了將近一年的三輪車。總之，從高中畢業後到讀博之前，無論條件和環境怎樣，我都從未間斷過讀書學習。

在我自學過程中，曾寫信給裘錫圭、李學勤先生請教問題，都得到了兩位先生的回信，他們的鼓勵和肯定讓我更加堅定了信心，我始終都非常感謝他們！二十多年來，兩位先生的書信我都很好地保存著。

北京大学古文献研究所

蔡伟同志:

月初来教敬悉。

您对传统小学"真心好之",不计功利,刻苦潜修,达到了较高水平,我十分钦佩。

所举数端,皆言之成理。我因平时对您讨论到的几处经典文字未曾加以研究,所以提不出什么可参考的意见,甚觉抱歉。所引《泰誓》为伪古文,"说降大麓"之语是否有较早出处,似可注意。

即颂

研祺

裘锡圭上

1995.12.14

北京大学古文献研究所

蒙敏同志：

來信早已收到、你讀後以"为"
"嗟嗟，我想是对的。我已写了一封信
行治《文物》编辑部、告知此事，希望
他們發表。但想他們未必肯登。

你釋子奥的说法，想不能成立，
首先于字形不合。其次"櫝下"的说
也不大好。

此

好

裘錫圭
1997·9·14

中國殷商文化學會
CHINESE SOCIETY OF YIN-SHANG CULTURE
No.6 Ritan Rd. Jianguomen Wai Da Jie, Beijing 100020, China

蔡偉先生：

　　大函收到，兄對文獻小學下了不少功夫，是很好的，而言小學而古文字關係甚是，深望繼續努力，必能有成。

　　楚辭天問"伐器"即兵器，此詞亦見戰國兵器銘文，並非"伐器"之誤，此點供參考。

　　　　敬此　祝

　　安好

　　　　　　　　　　　李學勤
　　　　　　　　　　　十月十五日

〔註2〕

―――――――――

〔註 2〕李學勤先生 1996 年 10 月 15 日覆書。

　　自學期間我讀到發表在《文物》1997年第1期的裘錫圭先生《〈神烏賦〉初探》，文中引漢簡《神烏賦》有「佐子佐子，泣涕侯下」之語，然後我給裘先生寫信說：

　　　　「佐子」疑讀為「嗟子」。《書大傳》：「諸侯在廟中者，愀然若
　　複見文武之身，然後曰：嗟子乎！此蓋吾先君文武之風也夫！」又
　　作「嗟嗞」、「嗞嗟」，詳見王氏《釋詞》卷八。

　　裘先生同意我的看法，還特意寫了一篇短文引用我的意見。後來阜陽漢簡《春秋事語》也有「晉平公過於九原而歡曰：『髭子虖！此地出吾良臣多……』」《新序‧雜事四》此處作「晉平公過九原而歎曰：『嗟乎！此地之蘊吾良臣多矣，若使死者起也，吾將誰與歸乎？』」郭永秉老師及其他學者也指出其中「髭子」即「嗟子」，亦即「嗟嗞」〔註3〕，更加證實我的說法。

　　我之前讀過王引之的《經傳釋詞》，當時因為買不到書，就手抄了這本書，印象比較深刻，所以看到漢簡「佐子」一詞，就想到了應該相當於傳世古書的「嗟嗞」（另外還有《爾雅》《方言》《廣雅》等書，我都親手抄過）。

　　通過這一例子，我逐漸領會到只有將傳世文獻和出土文獻結合起來研究，才會有更多的發現。

　　入復旦讀博之後，劉釗、汪少華、施謝捷、陳劍、郭永秉、周波、廣瀨薰雄、張小豔、鄔可晶、謝明文等中心老師開的課我都上過，出土文獻和古文字方面受到更加系統的訓練，非常獲益。中心的學習氛圍非常好，老師、學生們都心無旁騖專心讀書、作研究，學問也是互相薰染互相影響而成的。

2. 您目前主要的研究領域有哪些（可對該領域做一番回顧與展望）？該領域今後的預想研究或擬待研究的方向和課題有哪些？

　　我目前主要的研究領域還是訓詁、校勘方面，我博士論文作的就是出土簡帛古書與傳世古書校勘的幾個專題研究，這些年的興趣和致力的方向也始終沒有改變。

　　記得我初到復旦的時候，梁春勝師兄正在寫畢業論文，論文的初稿我拜讀過。對他論文中論述的俗字訛混規律很感興趣，受梁師兄的影響，我也比較關心俗字和寫本文獻，曾寫過《利用俗字校勘古書舉例》（收入《中國文字

〔註3〕參看蘇成愛：《〈「佐子」應讀為「嗟子」〉補說》，復旦大學出土文獻與古文字研究中心網站，http://www.fdgwz.org.cn/Web/Show/937，2009/10/11。

學報》第九輯，商務印書館，2018 年）的文章。今後如果時間和精力允許，很想作日本金澤文庫所藏寫本《群書治要》的研究。

3. 您在從事學術研究的過程中，在閱讀、收集資料、撰寫論文、投稿發表等方面有什麼心得體會（包括經驗或教訓）？

我發表的文章不算太多，投稿發表等方面沒有什麼心得體會。文章不能發表，有可能是編輯覺得寫的不夠規範、觀點不是很正確吧，當然也有其他的原因，不管什麼吧，文章被退稿，這很正常。關鍵是要淡然處之，不要氣餒，對自己要有信心。我自己的觀點是有些時候隨緣吧，不會刻意追求多發文章。

4. 對您迄今為止的學習和研究影響較大的著作或學者有哪些（或哪幾位）？

王念孫、王引之父子的著作——高郵王氏四種；王力《龍蟲並雕齋文集》（全三冊）；蔣禮鴻《義府續貂》《懷任齋文集》；于省吾《雙劍誃群經新證》《雙劍誃諸子新證》；楊樹達《積微居小學金石論叢》《積微居小學金石述林》；裘錫圭先生的文集等都是對我學習和研究影響較大的著作。

最早（1996 年）集中讀裘先生文章是讀《裘錫圭自選集》，尤其是那幾篇用秦漢以來的出土文獻資料校讀古書的文章，對我來說簡直是一種前所未有的震撼，從中獲益甚多。

對我學習和研究影響較大的學者是我的論文指導教師陳劍老師。回想當年（2003 年）我就是在「國學網」上發了幾個小帖子，才認識了陳劍和董珊兩位老師的。

後來我讀博那幾年，寫了文章都會請陳老師指正，陳老師目光如炬，能洞察幽隱，我文章的觀點、例證、行文，一經陳老師指正，修改之後再看，都有一種脫胎換骨的感覺，這就是點石成金的功夫吧，我非常感謝那幾年陳老師對我的教誨。

5. 請結合您的學習和研究經歷，為初學者提供一些建議。

宋人嚴羽《滄浪詩話》有一段話說：

> 夫學詩者，以識為主。入門須正，立志須高；以漢、魏、盛唐為師，不作開元、天寶以下人物。若自生退屈，即有下劣詩魔，入其肺腑之間，由立志之不高也。行有未至，可加工力；路頭一差，愈騖愈遠，由入門之不正也。故曰：學其上僅得其中，學其中斯為下矣。

他雖然是從學詩的角度來說這番話的，但我想無論我們學習什麼，包括一些技藝，都需如此，要取法乎上。

比如對我學術影響較大的是王力、蔣禮鴻、于省吾、楊樹達、裘錫圭等先生的著作，他們都是公認的大家，認真讀他們的書，向他們學習，這是後學能取得進步的一個重要的途徑，這也就是我們通常所說的「站在巨人的肩上」，這樣才有可能更快更好地吸收前人的成果。

回想當初特別苦惱的就是有很多特別想看的書卻看不到，比如王念孫的《讀書雜志》、孫詒讓的《札迻》，借也借不到，買也買不到，不像現在在網上很輕易就可以買到舊書。現在一些比較重要的基本書都有電子版了，隨時可以閱讀，所以說現在的讀書條件真的是太好了！只要肯下功夫，趁著年輕時記憶力好，多讀書，堅持不懈，一定會作出一些成績來的。

結合我自己實際情況和自身的經歷，我認為研究中國古典文獻、語言文字都要比較熟練地掌握一些最基本、最基礎的知識：比如熟練掌握漢字上古音的分部及歸部（別無他法，只有死記硬背，經常運用，反覆記憶），這一點可以說怎麼強調都不算過分；然後熟悉高郵王氏四種，尤其是《廣雅疏證》，最好能逐條逐字細讀，而不是等到想用的時候再臨時現查。據說當時王念孫每日疏證三字，十年粗成，我們花費幾年時間，通讀幾遍是不成問題的吧。而且這些功夫絕不會白費，有這個基礎，那我們對先秦漢魏以來的故訓就會畢羅於胸，同時又熟悉了古書的辭例。

此外更要多讀原典，比如可以選擇一部先秦古書，如《詩經》或者《尚書》，雖然很難懂，有一些意見無法定於一尊，但至少應該大致瞭解、熟悉，當然最好熟讀成誦；或者也可以選擇相對比較容易的漢代古書，如《淮南子》，首先要讀熟了，然後與之內容相關的古書，如《老子》《莊子》《呂氏春秋》《文子》等，也都找來讀，尤其是對內容相類似的文句，觀察各書用詞的異同，這對理解文義肯定會有很大的幫助。總之，要讀常見書，有時雖看似淺近的一字一句，都應仔細涵泳，不要輕易放過。

當然也可以從學習出土文獻中有傳世文獻相對應的材料入手，比如可以選擇清華簡《祭公之顧命》《皇門》和《逸周書》對應的篇目，首先熟悉清華簡的字形，然後比較與《逸周書》用字的異同，一些問題就會清清楚楚地呈現出來，訓詁、校勘方面的知識也就都會有所瞭解了，自己親自動手作這些基礎的東西，印象會很深刻，受益匪淺。

　　另外要轉益多師，不要有門戶之見。同時還要多向同行學習，文章寫好了，也最好請老師或同行看看，認真聽取他們的意見，對自己也是一種提升。總之，學習是一輩子的事，學無止境，要終身以之。

　　最後送給大家一句網上看到的話：

　　　　世界上所有的美，都需要一種高度的專注和漫長時間的淬火。

　　讀書、求知，當然更不例外。

6. 在數位化和資訊化的時代，電腦技術或網路資源對您的研究具有什麼樣的影響或作用？

　　自從加入四川大學王森博士創建的 QQ 群之後，一些常見的基本資料都能得到，尤其是能及時讀到新近的學術會議論文集和碩、博論文，這對我及時了解學界的新發現、新觀點，都十分有利。在 QQ 群裡也結識了很多學界新秀，也對我幫助很大。

　　另外，「引得市」、「國學大師」、「古音小鏡」這些網站也對研究古文字和訓詁學非常有用，檢索字典辭書查找古文字字形等都特別方便，我幾乎每天都要用到。

　　總之，現在的網路資源太豐富了，以前我二十幾歲那時是找不到想看的資料，而現在是資料太多，時間、精力卻都有限了。

　　電子資源以其廉價和方便使用，當然是我現在的首選，但平時閱讀一些傳世古書和出土文獻，還是喜歡紙質的，這有可能是個人的習慣吧。如果書太貴就想辦法複印、或者打印。我還是喜歡在複印本、打印本上面恣意書寫批注。比如 1991 複印的《廣雅疏證》，多年以來一直都還在用，也是寫滿了批注。寫在紙上，白紙黑字，覺得踏實放心。我後來寫成的一些札記，很多都是將書上的批注稍加整理潤色而成。

7. 出土文獻與古文字研究與眾不同的一點，在於許多論文或觀點是發佈在專業學術網站上甚至相關論壇的跟帖裡的，您如何看待這一現象？您對相關的學術規範有何認識或思考？

　　論文或觀點是發佈在專業學術網站上甚至相關論壇的跟帖裡的，我認為這種現象是好事情，促進了學術的繁榮和發展，很多真知灼見可以及時讀到，當然也有很多「添亂」的觀點和文章，要分別對待。相對於紙質期刊審稿漫長的過程，網上發佈文章，方便快捷，我也非常願意在網上發文。所以我現在也弄了個公眾號，可以更加無拘無束地寫自己喜歡的東西，隨時追新材料，

也不忘舊材料，借這次訪談機會，給自己作個宣傳，希望感興趣的朋友關注我，讀我的文章。

錦州抱小

微信扫描二维码，关注我的公众号

8. 您如何處理學術研究與其他日常生活之間的關係？學術之外您有何鍛煉或休閒活動？

現在除了給學生上課之外，可支配的時間相對較為充裕。平時比較喜歡逛市場、超市，買菜、做飯，吃好喝好也是學術研究的有利保障，所以在這方面花一些時間和精力也不能算是白費的，而且這也是基本的生存技能。

學術之外主要從事的鍛煉，應該就是騎自行車吧。最近也經常步行上下班，來回有一個小時的路程，覺得走路也挺好的。另外我們學校四面環山，出校門就是婁湖，空氣非常好，隨時都可以爬山、遊湖。

（安順學院校園一隅）

　　休閒活動喜歡看香港電影和電視劇，這個興趣可以追溯到上高中的時候，當時是因為想學古音而學習了廣州話，但也只能通過聽粵語歌，將常見的字音都硬記下來，然後又聽廣播，才慢慢聽得懂一般的粵語。後來上復旦，有機會又跟著余兆冰博士練了大半年的粵語，覺得有很大的進步，耽誤了她不少休息和學習時間，我很感謝她。

　　另外還寫寫毛筆字，也經常刷刷「抖音」，至少可以調劑一下心情，也算是一種放鬆的方式吧。

後　記

　　我的第二本專著即將由臺灣的花木蘭文化事業有限公司出版，我很高興。非常感謝花木蘭、感謝編輯楊嘉樂女士，因為我第一本書也是由花木蘭出版的。

　　感謝劉釗老師、顏世鉉先生賜序，使小書增重、增色。

　　感謝安順學院人文學院周輝老師幫我修改調整目錄。

　　在小書即將出版之際，也讓我想起博士畢業後，面臨著找工作的問題，由於自身的種種原因，往往都如醜女無鹽，流棄莫執，無家可歸，是安順學院收留了我。我感謝安順學院當時的校領導劉雷校長、羅榮彬書記和人事處的陳韶華處長，還有安順市人力資源和社會保障局，使我終於有一個可以安心工作和治學的環境，學校也安排了我愛人的工作，使我無後顧之憂。也感謝我所在部門的領導郭本華、賀曉莉老師和同事們、還有檔案館的劉繼坤老師對我工作上的關心和照顧。

　　最後，還要感謝在我寫作論文過程中提供資料和幫助的師友，如靖江市廣播電視臺蕭旭先生、臺灣史語所顏世鉉先生、復旦大學季忠平先生、河南財經政法大學徐浩先生、日本學者海老根量介先生以及死亡書社的師友們。

　　我將繼續努力，在自己喜歡讀書和治學的道路上持之以恒，作長久奮鬥。

蔡偉

2022 年 6 月 2 日於安順學院圖書館